Leo Trotzki
Zwischen Imperialismus und Revolution.
Die Grundfragen der Revolution an dem Einzelbeispiel Georgiens

AF155530

SEVERUS Verlag

Trotzki, Leo: Zwischen Imperialismus und Revolution. Die Grundfragen der Revolution an dem Einzelbeispiel Georgiens. 2018
Neuauflage der Ausgabe von 1923
ISBN: 9978-3-95801-829-7

Korrektorat: Sariya Sloan

Umschlaggestaltung: Annelie Lamers, SEVERUS Verlag
Umschlagmotiv: www.pixabay.com

Bibliografische Information der Deutschen Nationalbibliothek: Die Deutsche Nationalbibliothek verzeichnet diese Publikation in der Deutschen Nationalbibliografie; detaillierte bibliografische Daten sind im Internet über https://dnb.de abrufbar.

Der SEVERUS Verlag ist ein Imprint der Bedey & Thoms Media GmbH, Hermannstal 119k, 22119 Hamburg

SEVERUS Verlag, 2018
http://www.severus-verlag.de
Gedruckt in Deutschland

Leo Trotzki

Zwischen Imperialismus und Revolution

Die Grundfragen der Revolution
an dem Einzelbeispiel Georgiens

Editorische Notiz:
Der Text der vorliegenden Edition folgt der Ausgabe:
Trotzki, Leo: Zwischen Imperialismus und Revolution, Verlag der Kommunistischen Internationale - Carl Hoym Nachfolger Louis Cahnbley, Hamburg, 1923.
Namen von Personen, Ländern und Städten wurden (meist) in der Benennung des Autors belassen. Die Orthographie wurde behutsam modernisiert und eindeutige Fehler korrigiert. Grammatikalische Eigenheiten bleiben gewahrt.

Inhalt

Dem Andenken

von Stepan Schaumjan, Alexei Dschaparidse und der 24 anderen Kommunisten aus Baku, ohne Untersuchung und Gericht auf der öden Bahnstrecke zwischen den transkaspischen Stationen »Perewal« und »Achtscha Kuima« getötet am 20. September 1918 durch den Chef der englischen militärischen Mission in Aschabad, Teag Jones, mit Wissen und Billigung der anderen englischen Behörden in Transkaukasien und im Besonderen des Kommandeurs der britischen Truppen in Transkaukasien, Generalmajor Tompson;

dem Andenken der Arbeiter, die von der menschewistischen Regierung während des Meetings im Alexandergarten in Tiflis am 10. Februar 1918 erschossen wurden;

dem Andenken von Hunderten und Tausenden transkaukasischer Kommunisten, die im Kampfe für die Sowjetmacht zugrunde gingen, erschossen, erhängt, zu Tode gefoltert durch die »demokratische« Koalitionsregierung Transkaukasiens, durch die menschewistische Regierung des »demokratischen« Georgiens, durch die Truppen des Sultans, des Bundesgenossen der transkaukasischen »Demokratie«, durch die Truppen des Hohenzollern, des Beschützers des menschewistischen Georgiens, durch die großbritannischen Truppen, die zum gemeinsamen Kampfe mit den Menschewiki gegen die Kommunisten in Georgien einmarschiert waren, durch die Weißgardisten Denikins und Wrangels, unter direkter und indirekter Mitwirkung der georgischen Menschewiki;

dem Andenken der revolutionären Führer der Bauernaufstände Ossetiens, Abchasiens, Adshariens, Guriens, Mingreliens u.a., die erschossen wurden durch die menschewistische Regierung Georgiens, wird dieses Buch vom Verfasser gewidmet, geschrieben zur Entlarvung von Lüge, Verleumdung und Hetze, die in dichten Wolken ausgehen von dem Lager der Unterdrücker, Ausbeuter, Imperialisten, Räuber, Mörder und ihrer politischen Söldner und freiwilligen Lakaien.

Zur zweiten Auflage

Die englische und deutsche Ausgabe meines Büchleins über Georgien haben mir Erwiderungen des Herrn N. Dschordania eingetragen, vorausgesetzt, dass ich es für nötig hielte, auf sie zu antworten. Aber ich sehe die Notwendigkeit dazu nicht ein. Mein Büchlein ist auf Grund von Material geschrieben, das unanfechtbar ist, da es hauptsächlich aus menschewistischen Quellen geschöpft ist. Was den Gesichtspunkt anbetrifft, von dem aus ich das faktische Material behandelt habe, so bedarf dieser anlässlich der kasuistischen Exerzitien des georgischen Menschewistenführers keiner neuen Begründung.

Dschordania nennt uns »Imperialisten unter revolutionärer Maske«. Aber derselbe Dschordania hat erklärt: »Ich ziehe die Imperialisten des Westens den Fanatikern des Ostens vor,« – und wann? Damals als die Imperialisten des Westens uns von allen Seiten bedrängten. Bei dieser Richtung der politischen Geschmäcker war eine Ergänzung der theoretischen Polemik durch eine Polemik mit der Waffe unvermeidlich. Die Initiative dazu nahm Georgien auf sich. Die Folgen sind bekannt. Und wir ziehen den machtlosen Emigranten Dschordania, – auch wenn er uns des Imperialismus beschuldigt – jenem Dschordania vor, der als Präsident Georgiens den »Imperialisten des Westens« die Tür öffnete, um uns den Prozess zu machen, den »Fanatikern des Ostens«.

Moskau, den 28. Oktober 1922

L. Trotzki

Einleitung

Von dem für die Konferenz in Genua festgesetzten Termin trennen uns – im Augenblick, da diese Zeilen geschrieben werden – weniger als drei Wochen. Welcher Zeitraum uns von der Konferenz selbst trennt, das weiß offenbar noch niemand. Der diplomatische Kampf um die Konferenz ist in engster Weise mit der politischen Agitation um Sowjetrussland verflochten. Zwischen der Diplomatie der Bourgeoisie und ihrer Sozialdemokratie bleibt im Grunde genommen die Arbeitsteilung aufrechterhalten: die Diplomatie betreibt offizielle Intrigen, die Sozialdemokratie macht die öffentliche Meinung gegen die Republik der Arbeiter und Bauern mobil.

Was will die Diplomatie? Dem revolutionären Russland einen möglichst schweren Tribut auferlegen; es zwingen, möglichst viele Reparationen zu zahlen; die Schranken des Privatbesitzes auf dem Sowjetterritorium möglichst weit spannen; den ausländischen und russischen Finanzleuten, Industriellen und Wucherern möglichst viel Privilegien über die russischen Arbeiter und Bauern verschaffen. Was früher als Deckmantel dieser Forderungen diente – „Demokratie", „Recht", „Freiheit" –, das hat die bourgeoise Diplomatie heute beiseite geworfen, wie der Kaufmann das Packpapier von einem Stück Stoff beiseite wirft, wenn er seine Ware vorzeigen, handeln und. nach Arschin[1] abmessen muss.

Aber in der bourgeoisen Gesellschaft geht nichts verloren. Die Papierhülle, genannt „Recht", geht in die Verfügungsgewalt der Sozialdemokratie über; das ist ihre Ware, sie handelt damit. Die Zweite Internationale – und. was von ihr gesagt wird, gilt auch für den Schatten, den sie in Form der Internationale Zweieinhalb nach links wirft – ist aus allen Kräften bemüht, den Arbeitern zu beweisen, dass, da die

---

1   Anm. d. Verl.: „Arschin" war ein russisches Längenmaß.

Sowjetregierung „Recht" und „Demokratie" nicht einhält, die werktätigen Massen Russlands keine Unterstützung in ihrem Kampfe gegen die Weltwucherer verdienen.

Unsere Nichtachtung in Bezug auf „Recht" und „Demokratie" haben wir am stärksten, wie bekannt, in der Oktoberrevolution gezeigt. Gerade sie ist ja unsere Erbsünde. Im Laufe der ersten Jahre versuchte die Bourgeoisie, die sozialistische Revolution mit dem Schwerte auszurotten. Jetzt beschränkt sie sich darauf, wesentliche kapitalistische Verbesserungen an ihr vorzunehmen. Der Kampf geht um die Ausmaße derselben.

Die Zweite Internationale möchte jedoch die Konferenz zu Genua für die Wiederherstellung von „Recht" und „Demokratie" ausnützen. Man sollte meinen, dass hieraus ein ganz bestimmtes Programm folgen müsste: die „usurpatorische", „diktatorische", „terroristische" Regierung der Sowjets nicht nach Deutschland hereinzulassen, sondern die demokratischen Reliquien der Konstituierenden Versammlung dorthin zu schaffen. Aber eine derartige Behandlung der Frage wäre zu lächerlich und würde sich auch mit den praktischen Schritten der Bourgeoisie kreuzen.

Die Zweite Internationale erhebt auch am allerwenigsten auf die Rolle eines verrückten Ritters der Demokratie Anspruch. Sie ist nur ihr Sancho Pansa. Sie wagt die Frage nicht in ihrem vollen Umfange aufzuwerfen. Sie möchte nur ein klein wenig Nutzen daraus ziehen.

Die Losung des Kampfes um einen kleinen demokratischen Nutzen ist gegenwärtig Georgien. Der Sowjetumsturz fand dort erst vor einem Jahre statt. In Georgien hatte die Partei der Zweiten Internationale die Macht in den Händen. Die menschewistische Republik schwankte fortwährend zwischen Imperialismus und proletarischer Revolution hin und her, indem sie bei dem ersteren Schutz suchte oder ihn gegen die letztere unterstützte. Darin besteht aber auch die Rolle der gesamten Zweiten Internationale. Das menschewistische Georgien hat mit seinem eigenen Untergang seine Beziehungen zur Gegenrevolution büßen müssen. Aber auch der Zweiten Internationale droht unvermeidlich das gleiche Schicksal. Was Wunder, wenn der Kampf der internationalen Sozialdemokratie um das „demokratische" Georgien eine Art von symbolischem Charakter bekommen hat!

Doch haben zugunsten der Prätensionen der georgischen Menschewiki die erfinderischsten Köpfe der Zweiten Internationale kein einziges Argument aufzustellen vermocht, das nicht schon tausendmal von den Verteidigern der „demokratischen" Rechte, den Miljukow, Kerenski, Tschernow, Martow, ausgenützt werden wäre. Es besteht hier keinerlei prinzipieller Unterschied. Die Sozialdemokraten präsentieren uns jetzt in octavo, was die vereinigte Presse des Imperialismus uns vorher in folio präsentierte. Es ist nicht schwer, sich hiervon zu überzeugen, wenn man den Beschluss des Exekutivkomitees der Zweiten Internationale, Georgien betreffend, zur Hand nimmt.

Der Text des Beschlusses verdient Beachtung. Der Stil ist nicht nur für einen Menschen, sondern auch für eine Partei bezeichnend. Hören wir nun, in welchem politischen Stil die Zweite Internationale mit der proletarischen Revolution spricht:

„*I. Das Territorium Georgiens wurde von den Truppen der Moskauer Regierung besetzt, die in Georgien eine Macht aufrechterhält, die seiner Bevölkerung verhasst ist, und sie erscheint in den. Augen des Proletariats der ganzen Welt als die einzige Person, die verantwortlich ist für die Vernichtung der georgischen Republik und für das terroristische Regime, das in diesem Lande errichtet wurde.*"

Hat etwa nicht die reaktionäre Presse der ganzen Welt im Laufe von vier Jahren gegenüber der Sowjetföderation als Ganzes dasselbe behauptet? Sprach sie nicht davon, dass die Macht der Sowjets der Bevölkerung Russlands verhasst sei und sich nur durch das militärisch-terroristische Regime halte? Hielten wir da nicht Petrograd und Moskau mit Hilfe „lettischer, chinesischer, deutscher und baschkirischer Regimenter"? Verbreitete da Moskau nicht „gewaltsam" die Sowjetmacht in der Ukraine, in Sibirien, am Don, im Kubangebiet, in Aserbaidschan? Wenn jetzt die Zweite Internationale dem von uns zurückgeschlagenen Gesindel Wort für Wort die gleichen Phrasen, speziell in Bezug auf Georgien, nachschwätzt – ändert das dann etwa ihre Natur?

„*II. Die Verantwortlichkeit der Moskauer Regierung hat sich nach den kürzlichen Ereignissen in Georgien noch verdoppelt, im besonderen aber nach den Proteststreiks, die von den Arbeitern (?) veranstaltet und mit Gewalt unterdrückt wurden, wie dies von reaktionären Regierungen gemacht wird.*"

Ja, die revolutionäre Regierung Georgiens hat die menschewistischen Spitzen der Eisenbahnbürokratie, die Beamten und weißen Offiziere, die keine Zeit mehr zur Flucht hatten, mit Gewalt daran gehindert, die Arbeiter- und Bauernregierung zu sabotieren. Anlässlich dieser Repressalien schreibt Merrheim, ein ziemlich bekannter kümmerlicher Lakai des Imperialismus in Frankreich, von „Tausenden" von georgischen Bürgern, die ihre Wohnstätten verlassen mussten. „Unter diesen Flüchtlingen" – wir zitieren ihn wörtlich – „befinden sich eine *ungeheure Anzahl von Offizieren, von ehemaligen Beamten der Republik und alle Führer der Volksgarde.*" Das ist gerade jener menschewistische Apparat, der im Laufe von drei Jahren die revolutionären Arbeiter und die sich ununterbrochen auflehnenden georgischen Bauern unterdrückt hat, und der nach dem Sturz der Menschewiki eine bereitwillige Waffe der Restaurationsversuche der Entente blieb. Dass die revolutionäre Regierung Georgiens mit der sabotierenden Bürokratie schroff abgerechnet hat, das geben wir voll und ganz zu. Das gleiche haben wir aber auf dem ganzen Revolutionsterritorium getan. Die Errichtung der Herrschaft der Sowjets in Petrograd und Moskau stieß zu allererst auf den Versuch eines Eisenbahnerstreiks unter der Führung der menschewistisch-sozialrevolutionären Eisenbahnbürokratie. Indem wir uns auf die Arbeiter stützten, sprengten wir diese Bürokratie, säuberten sie und unterstellten sie der Macht der Werktätigen. Das reaktionäre Gesindel der ganzen Welt erhob aus diesem Anlass ein Geschrei über unseren barbarischen Terrorismus. Das gleiche Wehgeschrei wird jetzt nach dem Muster des reaktionären Gesindels, nur in Bezug auf Georgien, von den sozialdemokratischen Führern wiederholt. Wo ist denn da eine Veränderung eingetreten?

Ist es aber nicht verblüffend, dass die sozialdemokratischen Führer überhaupt ihre Zunge rühren können, um von einer Unterdrückung der Arbeiterstreiks durch Gewalt als von einer Methode des Vorgehens „reaktionärer Regierungen" reden zu können? Oder wissen wir etwa nicht, wer der Zweiten Internationale angehört? Noske und Ebert sind ihre führenden Mitglieder. Oder sind sie etwa ausgeschlossen worden? Wieviel Arbeiterstreiks und Aufstände haben sie unterdrückt? Sind sie etwa nicht die Henker von Rosa Luxemburg und Karl Liebknecht? Oder ist es nicht der Sozialdemokrat Hörsing, ein Mitglied der Zweiten Internationale, der die Märzbewegung in Deutschland provoziert hat, um sie im Blut zu ertränken? Und wie steht es mit den letzten, den allerneuesten Maßnahmen des Sozialdemokraten Ebert gegen den Eisenbahnerstreik in Deutschland?

Oder sieht etwa das Exekutivkomitee von London aus nicht, was auf dem Kontinent vergeht? In diesem Falle sei es uns aber gestattet, Henderson ehrerbietigst zu fragen, ob er nicht Geheimer Rat der Krone während des Osteraufstandes in Irland im Jahre 1916 war, als die königlichen Truppen Dublin zerstörten und 15 Irländer erschossen, darunter den Sozialisten Connolly, der vorher bereits verwundet war? Hat vielleicht Vandervelde, der ehemalige .Vorsitzende der Zweiten Internationale, der kleine geheime Rat einer kleinen Krone, die russischen Sozialisten während des Krieges nicht aufgefordert, sich mit dem Zarismus auszusöhnen, der bis zum Hals im Blute der Arbeiter und Bauern watete und bald in ihm ertrank? Müssen wir die Beispiele noch vermehren? Wahrlich, den Führern der Zweiten Internationale steht die Verteidigung des Streikrechts ebenso zu Gesichte wie Judas Ischariot das Predigen, der Treue.

„III. In jenem Augenblick, als die Moskauer Regierung ihre Anerkennung durch die andern Staaten verlangt, müßte sie, wenn sie will, dass ihre eigenen Rechte beachtet werden; sich mit der gleichen Achtung zu den Rechten anderer Völker verhalten und nicht die elementaren Prinzipien verletzen, auf denen der Verkehr zwischen zivilisierten Völkern beruhen soll."

Der politische Stil ist bezeichnend für die Partei, für ihre Seele. Der letzte Punkt ist die höchste Errungenschaft der Zweiten Internationale. Wenn Sowjetrussland Anerkennung (durch wen?) erreichen will, so muss es mit der gleichen Achtung (was für einer denn?) sich zu den Rechten anderer Völker verhalten und nicht – dies merke man sich – die elementarsten Prinzipien verletzen, auf denen der Verkehr zwischen zivilisierten Völkern beruhen soll (soll!).

Wer hat dies geschrieben? Wir würden sagen, dass dies Longuet selbst geschrieben hat, wenn er nicht in die Internationale Nummer 2½ übergesiedelt wäre. Vielleicht ist es Vandervelde, der scharfsinnige Jurist der belgischen Krone! Oder Mister Henderson, inspiriert von seiner eigenen Sonntagspredigt in der religiösen Versammlung der „Bruderschaft"? Oder vielleicht Ebert in seinen Mußestunden? Es ist geradezu notwendig, dies für die Geschichte des Autors der unvergleichlichen Resolution festzustellen. Wir zweifeln natürlich nicht daran, dass der Geist der Zweiten Internationale kollektiv gearbeitet hat. Wer aber war der erwählte Kanal, durch den das Eitergeschwür dieses Kollektivgedankens zum Durchbruch gelangt ist?

Doch kehren wir zum Text zurück. Um von den bourgeoisen, imperialistischen, sklavenhälterischen Regierungen (um sie gerade handelt es sich!) anerkannt zu werden, muss die Sowjetregierung „die Prinzipien nicht verletzen" und mit der gleichen Achtung „sich zu den Rechten anderer , Völker verhalten". Mit welcher ... ja mit welcher „Achtung" denn eigentlich?

Vier Jahre lang haben die imperialistischen Regierungen den Versuch gemacht, uns zu stürzen. Sie haben uns nicht gestürzt. Ihre ökonomische Situation ist hoffnungslos. Ihr gegenseitiger Kampf hat sich bis zum äußersten zugespitzt. Sie sahen sich genötigt, zu Sowjetrussland in Beziehungen zu treten, um seiner Rohstoffe, seines Marktes und der Zahlungen willen. Indem Lloyd George hierzu aufforderte, erklärte er Briand, dass die internationale Moral ein Einvernehmen nicht nur mit den Räubern des Ostens (Türkei), sondern auch mit den Räubern des Nordens (Sowjetrussland) zulässt. Über das saftige Wort Lloyd Georges sind wir nicht gekränkt. In dieser Frage nehmen wir seine offenherzige Formel voll und ganz an. Ja, wir halten es für möglich, für zulässig und für notwendig – innerhalb gewisser Grenzen –, uns auch mit den imperialistischen Räubern sowohl des Westens, als auch des Ostens in Kompromisse einzulassen.

Indem ein Kompromiss uns Verpflichtungen auferlegt, muss es zu gleicher Zeit unsere Feinde zwingen, auf bewaffnete Angriffe gegen uns zu verzichten. Das ist die Bilanz des vierjährigen offenen Kampfes, soweit sie sich vorläufig übersehen lässt. Zwar ist es richtig, dass auch die bourgeoisen Regierungen eine Anerkennung „der elementaren Prinzipien, auf denen der Verkehr zwischen zivilisierten Völkern beruhen soll", verlangen. Aber diese Prinzipien haben nichts mit den Fragen der Demokratie und der nationalen Selbstbestimmung gemein. Man verlangt von uns in trockenem Tone, dass wir die Schulden anerkennen sollen, die der Zarismus gemacht hat zur Unterdrückung eben desselben Georgiens, Finnlands, Polens, aller Randgebiete und der werktätigen Massen von Großrussland selbst. Man verlangt von uns auch noch eine Ersetzung der Verluste der privaten Kapitalisten, die unter der Revolution zu leiden hatten. Es kann nicht geleugnet werden, dass die proletarische Revolution für mancher Leute Taschen und Geldbeutel verlustbringend war, jener Leute, die sich selbst für das Allerheiligste jener Prinzipien halten, auf denen „der Verkehr zwischen den zivilisierten Völkern beruht". Hiervon wird in Genua und an anderen Orten die Rede sein. Von welchen Prinzipien aber sprechen eigentlich die Führer der Zweiten Internationale? Etwa von den räuberischen Prinzipien des Versailler Friedens, die vorläufig die gegenseitigen Beziehungen der Staaten bestimmen, d.h. von den Prinzipien Clémenceaus, Lloyd Georges und des Mikado? Oder sprechen sie in ihrer listig ausweichenden Sprache von jenen Prinzipien, auf denen der Verkehr zwischen den Völkern wohl beruhen soll, aber nicht beruht? Warum stellen sie diese dann als Bedingungen unserer Aufnahme in die ehrwürdige „Familie" der heutigen imperialistischen Staaten auf? Oder wollen sie, dass wir noch heute die Waffen strecken und dem Imperialismus das Feld räumen, und gehen hierbei aus von Erwägungen darüber, wie morgen die gegenseitigen Beziehungen der Völker zueinander sein werden? Wir haben aber einen solchen Versuch vor dem Angesicht der ganzen Welt gemacht. Während der Brest-Litowsker Verhandlungen haben wir unsere Entwaffnung offen vorgenommen. Hat das etwa den deutschen Militarismus davon zurückgehalten, in unsere Grenzen einzufallen? Und hat da vielleicht die deutsche Sozialdemokratie, die Stütze der Zweiten Internationale, die Fahne des Aufstandes erhoben? Nein, sie blieb die Regierungspartei des Hohenzollern.

In Georgien regierte die kleinbürgerliche Partei der Menschewiki. Heute regiert dort die Partei der georgischen Bolschewiki. Die Menschewiki stützten sich auf die materielle Hilfe des europäischen und des amerikanischen Imperialismus. Die georgischen Bolschewiki stützen sich auf die Hilfe Sowjetrusslands. Auf Grund welcher Logik will dann die sozialdemokratische Internationale den Friedensschluss zwischen der Sowjetföderation und den kapitalistischen Ländern von der Bedingung der Wiedererstattung Georgiens an die Menschewiki abhängig machen?

Die Logik ist schlecht, das Ziel aber ist klar. Die Zweite Internationale wollte und will den Sturz der Sowjetmacht. Sie hat in dieser Richtung alles in ihren Kräften liegende getan. Diesen Kampf hat sie gemeinsam mit dem Kapitel unter der Fahne der Demokratie gegen die Diktatur geführt. Die Arbeitermassen Europas haben sie aus dieser Stellung zurückgeschlagen, indem sie ihr nicht gestatteten, offen gegen die Sowjetrepublik zu kämpfen. Jetzt hat die Sozialdemokratie, indem sie Georgien als Deckung benutzt, den Kampf erneuert.

Die werktätigen Massen der ganzen Welt haben sofort das Streben an den Tag gelegt, die russische Revolution als Ganzes zu nehmen, und hierin stimmt ihr revolutionärer Instinkt, nicht zum ersten Mal, mit der obersten theoretischen Vernunft überein, die uns lehrt, dass man die Revolution mit ihrem Heroismus und ihren Grausamkeiten, dem Kampf um die Persönlichkeit und dem Zertreten der Persönlichkeit, nur aus der materiellen Logik ihrer inneren Beziehungen heraus verstehen kann, nicht aber auf dem Wege der Bewertung ihrer einzelnen Teile und Episoden nach der Preisliste des Rechtes, der Moral oder Ästhetik. Der erste große theoretische Kampf, den der Kommunismus zum Schutze des revolutionären Rechtes der Diktatur und. ihrer Methoden geliefert hat, hat seine Früchte getragen. Die Sozialdemokraten haben endgültig von den Methoden des Marxismus und sogar von seiner Phraseologie Abschied genommen. Die deutschen Unabhängigen, die italienischen Sozialisten und ihresgleichen haben, von ihren eigenen Arbeitern in die Enge getrieben, die Diktatur „anerkannt", um umso deutlicher ihre Unfähigkeit zu zeigen, für sie zu kämpfen. Die kommunistischen Parteien sind gewachsen und zu einer Macht geworden. Aber in der Entwicklung der proletarischen Revolution hat sich eine starke Verzögerung gezeigt. Ihr Sinn und ihre Bedeutung sind von dem Dritten Kongress der Kommunistischen Internationale deutlich genug aufgezeigt worden. Die Kristallisierung des revolutionären Bewusstseins, in Form des Wachstums der kommunistischen Parteien, war begleitet von einer Ebbe der elementar revolutionären Stimmungen der ersten Nachkriegsperiode. Die bourgeoise öffentliche Meinung ist wieder zum Angriff übergegangen. Ihre Hauptaufgabe bestand darin, den Revolutionswunsch zu vernichten oder wenigstens zu trüben.

Es begann eine grandiose Arbeit, in der die grobe und schreiende Lüge der Bourgeoisie viel weniger Nutzen gebracht hat, als die sorgfältig ausgewählten Wahrheitssplitter. Durch den Kundschafterdienst ihrer Zeitungen hat sich die Bourgeoisie durch die Hinterhöfe an die Revolution herangemacht. Wisst ihr, was eine proletarische Republik ist? Das sind Lokomotiven, die an Asthma leiden, das sind Typhusläuse, das ist die Tochter eines bekannten ehrwürdigen Advokaten in einer ungeheizten Wohnung, das ist der Menschewik im Gefängnis, das sind ungereinigte Aborte. Das also ist die Revolution der Arbeiterklasse! Die bourgeoisen Journalisten haben der ganzen Welt die Sowjetlaus durch das Mikroskop gezeigt. Mistress Snowden hat es nach ihrer Rückkehr von der Wolga an die Themse vor allem für ihre Pflicht gehalten, sich öffentlich zu jucken. Das ist beinahe zu einer Zeremonie geworden vermittelst derer die Vorzüge der Zivilisation vor dem Barbarentum symbolisiert werden. Doch wird hiermit die Frage noch nicht erschöpft. Die Herren Informatoren der bourgeoisen öffentlichen Meinung sind an die Revolution – von hinten herangetreten, zudem mit einem Mikroskop bewaffnet. Einige Einzelheiten haben sie mit großer, sogar übermäßiger Sorgfalt betrachtet. Das aber, was sie betrachtet haben, ist nicht die Revolution des Proletariats.

Doch ist schon die Übertragung der Frage in die Ebene unserer wirtschaftlichen Schwierigkeiten und der unsere Lebensweise betreffenden Unordnungen ein Schritt vorwärts. Von den eintönigen und nicht sehr gescheiten Gesprächen über die Vorzüge der Konstituierenden Versammlung im Vergleich zur Macht der Sowjets ist die bourgeoise öffentliche Meinung gewissermaßen zum Verstehen dessen übergegangen, dass wir existieren, die Konstituierende Versammlung aber nicht existiert und nicht existieren wird. Die sachlichen Anklagen gegen die Transportstörungen und andere Unordnungen kamen in gewisser Weise der Anerkennung der Sowjets de facto gleich und gingen zudem in derselben Richtung wie unsere eigenen Beunruhigungen und Bemühungen. Anerkennung bedeutet aber unter keinen Umständen Versöhnung. Sie bedeutet nur, dass an die Stelle des missglückten entschiedenen Angriffes der Stellungskrieg getreten ist. Wir erinnern uns immer noch daran, wie während des großen Schlachtens an der deutsch-französischen Front der Kampf sich zuweilen plötzlich um irgendeine „Waldwärterhütte" konzentrierte. Im Laufe einer Reihe von Wochen wurde die Hütte täglich in den Berichten der Stäbe erwähnt. Im Grunde genommen bedeutete der Kampf um die Hütte nur einen Versuch, die zum Stillstand gekommene Front zu durchbrechen oder wenigstens dem Feinde möglichst viel Schaden anzufügen.

Indem die bourgeoise öffentliche Meinung den Krieg gegen uns auf Leben und Tod weiterführte, klammerte sie sich natürlicherweise an Georgien, gleichsam wie an jene „Waldwärterhütte", die im gegenwärtigen Stadium des Stellungskampfes an der Reihe war. Lord Northcliffe, Huysmans, Gustave Hervé, die regierenden rumänischen Banditen, Martow, der Royalist Léon Daudet, Mistress Snowden und ihre Schwägerin, Kautsky und sogar Frau Luise Kautsky (siehe „Wiener Arbeiterzeitung") – kurz, alle Geschützkaliber, über die die bourgeoise öffentliche Meinung verfügt, haben sich zum Schutze des demokratischen, loyalen, strikt neutralen Georgiens vereinigt.

Und nun beobachten wir einen auf den ersten Blick unerklärlichen Rückfall in die Raserei: alle jene Beschuldigungen – politische, rechtliche, moralische, strafrechtliche –, die früher gegen das Sowjetsystem als Ganzes gerichtet wurden, werden jetzt gegen die Sowjetmacht in Georgien mobilgemacht. Es stellt sich heraus, dass gerade hier, in Georgien, die Sowjets den Volkswillen nicht zum Ausdruck bringen. Und wie ist es in Großrussland? Ist denn die Sprengung der Konstituierenden Versammlung durch „lettische und chinesische Regimenter" schon vergessen? Ist denn nicht schon längst bewiesen, dass, da wir nirgends bodenständig sind, wir überall „von außen her" (!!!) eine bewaffnete Macht einführen und die allersolidesten demokratischen Regierungen mit all ihrer Bodenständigkeit zum Tempel hinausfegen? Gerade damit fingen Sie doch an, meine-Herren! Gerade deshalb prophezeiten Sie den Sturz der Sowjets nach einigen Wochen: sowohl Clémenceau zu Beginn der Versailler Verhandlungen, als auch Kautsky zu Beginn der deutschen Revolution. Warum aber ist jetzt nur von Georgien die Rede? Darum etwa, weil Dschordania und Zeretelli in der Emigration leben? Was aber ist mit den andern: den Mussavatisten aus Aserbaidschan, den armenischen Daschnaken, der kubanischen Rada, dem Donkreis, den ukrainischen Petljuraleuten, den Martow und Tschernow, den Kerenski und Miljukow? Warum wird den georgischen Menschewiki ein solcher Vorzug vor denen aus Moskau gewährt? Für die georgischen Menschewiki verlangen sie Wiederherstellung der Macht, für die Moskauer nur eine Veränderung der Behinderungsmaßnahmen. Das ist nicht sehr logisch, das politische Ziel aber ist nur allzu deutlich. Georgien ist ein neuer Anlass für eine neue Mobilmachung der Feindschaft und des Hasses gegen uns in dem in die Länge gezogenen Stellungskrieg. Das sind die Gesetze des Erschöpfungskrieges. Unsere Gegner wiederholen in octavo dasselbe, womit sie in folio ein Fiasko erlitten haben.

Dadurch wird in bedeutendem Maße der Inhalt und Charakter unserer Arbeit bestimmt. Wir mussten von neuem jene Fragen durchnehmen, die bereits ihre prinzipielle Auslegung gefunden haben, im Besonderen in unserem Buche „Terrorismus und Kommunismus"[2]. Wir strebten diesmal danach, möglichste Konkretheit zu erreichen. Die Aufgabe bestand darin, an einem Einzelbeispiel die Wirkung der Hauptkräfte unserer Epoche zu zeigen. An der Geschichte des „demokratischen" Georgiens versuchten wir die Politik der regierenden sozialdemokratischen Partei zu verfolgen, die genötigt war, ihren Weg zwischen Imperialismus und proletarische Revolution zu legen. Wir wollen hoffen, dass gerade die detaillierte Konkretheit der Darstellung es uns ermöglicht hat, die inneren Probleme der Revolution, ihre Bedürfnisse und ihre Schwierigkeiten dem Verständnis eines Lesers näher gebracht zu haben, der keine direkte revolutionäre Erfahrung hat, aber daran interessiert ist, sich solche zu erwerben.

* * *

Wir verweisen im Text nicht immer auf die Quellenangaben: das wäre für den Leser, besonders den ausländischen, zu ermüdend, da es sich um russische Ausgaben handelt. Jene, die unsere Zitate nachprüfen und sich vollständigere dokumentarische Daten verschaffen wollen, verweisen wir auf folgende Broschüren: „Dokumente und Materialien zur Außenpolitik Transkaukasiens und Georgiens", Tiflis 1919; „Die Russische Sozialistische Föderative Sowjetrepublik und die Georgi-

---

2   L. Trotzki: „Terrorismus und Kommunismus" (Anti-Kautsky), Verlag der Kommunistischen Internationale (Carl Hoym Nachf. Louis Cahnbley, Hamburg). 161 Seiten.

sche Demokratische Republik und ihre gegenseitigen Beziehungen", Moskau 1922; Macharadse: „Die Diktatur der menschewistischen Partei in Georgien", Moskau 1921; Meschtscherjakow: „Im menschewistischen Paradies", Moskau 1921; J. Schafir: „Der Bürgerkrieg in Russland und das menschewistische Georgien", Moskau 1921; vom gleichen Verfasser: „Die Geheimnisse des menschewistischen Reichs", Tiflis 1921. Die zwei letzten Broschüren beruhen auf der Verarbeitung eines Teiles der Materialien, die von der Spezialkommission der Kommunistischen Internationale in Georgien und in der Krim gefunden wurden. Außerdem benutzten wir die Archive der Volkskommissariate für auswärtige Angelegenheiten und für Militärwesen.

Unsere Darlegung, ebenso wie unsere Quellen können auch nicht im entferntesten auf Vollständigkeit Anspruch erheben. Die wertvollsten Materialien sind für uns unzugänglich: das sind die von der ehemaligen menschewistischen Regierung über die Grenze geschafften kompromittierendsten Dokumente, ebenso wie die Archive der entsprechenden Institutionen Großbritanniens und Frankreichs, beginnend vom November 1918.

Wenn man diese Dokumente gewissenhaft sammeln und herausgeben wollte, so würde sich ein sehr lehrreiches Lesebuch für die Führer der Internationale 2 und 2½ ergeben. Bei aller Schwierigkeit der Finanzlage der Sowjetrepublik würde ihre Regierung zweifellos die Unkosten ihrer Herausgabe auf sich nehmen. Es braucht gar nicht erwähnt zu werden, dass sie sich unter der Bedingung der Gegenseitigkeit verpflichten würde, für eine ebensolche Ausgabe alle jene Dokumente der staatlichen Sowjetarchive ohne Ausnahme zu übergeben, die sich auf Georgien beziehen.

Wir befürchten sehr, dass unser Vorschlag nicht angenommen werden wird. Nun, so werden wir warten müssen, bis sich andere Wege finden, um das Geheime offenbar zu machen. Schließlich wird ein solcher Tag kommen.

Moskau, 20. Februar 1922

Leo Trotzki

1.

Mythus und Wirklichkeit

Wie stellen die gestürzten Menschewiki und ihre sehr verschiedenartigen Protektoren die Schicksale Georgiens dar? In dieser Beziehung hat sich bereits ein ganzer Mythus gebildet, der auf den Fang von Einfältigen berechnet ist. Einfältige aber gibt es in der Welt. Das georgische Volk beschloss Kraft seines freien Willens, sich in Frieden und Freundschaft von Russland zu trennen. So beginnt der Mythus. Diesem seinem Entschluss gab das georgische Volk durch demokratische Abstimmung Ausdruck. Zugleich schrieb es die Losung unbedingter Neutralität in internationaler Beziehung auf seine Fahne. Georgien mischte sich weder tätlich noch ideell in den russischen Bürgerkrieg ein. Weder die Mittelmächte noch die Entente konnten es von der Bahn der Neutralität abbringen. Seine Losung war: „Leben und leben lassen!" Als einige bekannte gottesfürchtige Pilger der Zweiten Internationale (Vandervelde, Renaudel, Mistress Snowden) von diesem Lande der Seligen hörten, versorgten sie sich sofort mit direkten Fahrkarten dorthin. Gleich nach ihnen traf dort der durch Jahre und Weisheit beschwerte Kautsky ein. Sie alle redeten, gleich den alten Aposteln, in Zungen, die sie nicht kannten, und hatten Visionen, die sie später in Artikeln und Büchern beschrieben. Kautsky sang auf seiner Rückreise, von Tiflis bis Wien, ununterbrochen den Vers: „Herr, nun lässest Du Deinen Diener in Frieden fahren …, denn meine Augen haben Deinen Heiland gesehen …".

Noch hatten aber die Pilger keine Zeit gefunden, ihrer Gemeinde die frohe Kunde zu bringen, als sich Schreckliches ereignete: ohne jeglichen Grund warf Sowjetrussland seine Armee in das friedliche, neutrale, demokratische Georgien und zertrümmerte erbarmungslos die sozialdemokratische Republik, die die volle und unbeschränkte Liebe der Volksmassen genoss. Der Grund dieser beispiellosen Missetat ist im Imperialismus und. Bonapartismus der Sowjetmacht zu suchen, im Besonderen in ihrem Neid auf die demokratischen Erfolge der georgischen Menschewiki. Hier endet eigentlich der Mythus. Darauf folgen die bereits apokalyptischen Prophetien, dass die Bolschewiki unvermeidlich zu Falle kommen und die Menschewiki in ihrer vollen Glorie erstrahlen werden.

Der Begründung des Mythus ist das gottesfürchtige Buch Kautskys gewidmet.[3] Auf den Mythus gegründet sind sowohl die Resolution der Zweiten Internationale über Georgien, als auch die Artikel der „Times", sowohl die Reden Vanderveldes, als auch die zweifellosen Sympathien der belgischen Königin und die Schriften Hervé-Merrheims. Wenn in Bezug hierauf noch keine päpstliche Enzyklika erlassen ist, so liegt der Grund hiervon in dem vorzeitigen Tode Benedikts XV. Wir wollen hoffen, dass sein Nachfolger diese Lücke ausfüllen wird.

Wir müssen jedoch erklären, dass, wenn auch der Mythus über Georgien gleich vielen anderen nicht der poetischen Vorzüge entbehrt, er doch gleich allen Mythen nicht mit der Wirklichkeit übereinstimmt. Genauer ausgedrückt, der georgische Mythos ist durch und durch Lüge, an der nicht die Volkspoesie, sondern die maschinelle Produktion der kapitalistischen Presse schuld ist. Lüge und nur Lüge liegt der wütenden Antisowjet-Agitation zugrunde, bei der die Führer der Zweiten Internationale die erste Geige spielen. Dies wollen wir jetzt Schritt für Schritt nachweisen!

---

3   „Georgien. Eine sozialdemokratische Bauernrepublik." Wien 1921. „Ich habe nicht mehr zu sehen bekommen" — erzählt Kautsky selbst — „als sich von der Eisenbahn und von Tiflis aus sehen lässt. Dazu kam meine Unkenntnis des Georgischen wie des Russischen." Ferner teilt er noch mit: „Die Kommunisten hielten sich von mir fern." Es wäre noch hinzuzufügen, dass die gastfreundlichen Menschewiki den Ehrengast auf Schritt und Tritt betrogen, wobei er seinerseits ihnen gerne entgegenkam. Das Resultat des Zusammentreffens dieser glücklichen Umstände war eine Broschüre, die eine würdige theoretische Krönung des internationalen Feldzuges gegen Sowjetrussland darstellt.

Mister Henderson erfuhr zum erstenmal von der Existenz Georgiens durch Mistress Snowden, während Mistress Snowden mit der Tätigkeit Dschordanias und Zeretellis während ihrer Bildungsreise nach Batum und Tiflis Bekanntschaft machte. Was uns selbst anbelangt, so kannten wir diese Herrschaften bereits früher, und zwar nicht als Herrscher des unabhängigen demokratischen Georgiens, an das sie selbst niemals auch nur gedacht haben, sondern als russische Politiker in Petrograd und Moskau. Tschcheidse stellte sich an die Spitze des Petrograder Sowjets und in der Epoche Kerenskis auch an die Spitze des Zentralexekutivkomitees der Sowjets, als in den Sowjets die Sozialrevolutionäre und Menschewiki herrschten. Zeretelli war Minister der Regierung Kerenskis und der ideelle Inspirator der Kompromisspolitik.[4] Tschcheidse diente zusammen mit Dan und anderen als Vermittler zwischen dem menschewistischen Sowjet und der Koalitionsregierung. Gegetschkori und Tschenkeli führten die verantwortungsvollsten Aufträge der Interimsregierung aus. Tschenkeli war ihr bevollmächtigter Kommissar für Transkaukasien.

Die Position der Menschewiki war im Grunde genommen folgende: die Revolution soll ihren bourgeoisen Charakter beibehalten; an ihrer Spitze muss darum die Bourgeoisie bleiben; die Koalition der Sozialisten mit der Bourgeoisie muss es sich zur Aufgabe machen, die Volksmassen an die Herrschaft der Bourgeoisie zu gewöhnen; das Streben nach Eroberung der Macht durch das Proletariat ist für die Revolution verderbenbringend; den Bolschewiki muss erbarmungsloser Krieg erklärt werden. Als Ideologen der bourgeoisen Republik traten die Zeretelli-Tschcheidse und alle ihre Gesinnungsgenossen unversöhnlich für die Einheit und Unteilbarkeit der Republik innerhalb der Grenzen des alten Zarenreiches ein. Die Ansprüche Finnlands auf Erweiterung seiner Autonomie, das Streben der ukrainischen nationalen Demokratie auf dem Gebiete der Selbstverwaltung begegnete von Seiten der Zeretelli-Tschcheidse erbarmungslosem

---

4   Kautsky macht sogar in dieser Beziehung Konfusion und schwindelt auch dort, wo dies von seinem hohen Ziel nicht verlangt wird. So erzählt er, Tschcheidse und Zeretelli hätten 1905 an der Spitze des Petrograder Sowjets gestanden. In Wirklichkeit aber hat niemand in jener Periode in Petrograd ihren Namen zu hören bekommen.

Widerstand. Tschenkeli wetterte auf dem Sowjetkongress gegen die separatistischen Tendenzen einiger Randgebiete, obgleich zu jener Zeit sogar Finnland keine volle Selbständigkeit verlangte. Für die Unterdrückung dieser autonomistischen Tendenzen bereiteten die Zeretelli-Tschcheidse eine bewaffnete Macht vor. Sie hätten sie in Anwendung gebracht, wenn die Geschichte ihnen dazu genügend Zeit gelassen hätte.

Ihre Hauptkräfte aber widmeten sie dem Kampf gegen die Bolschewiki.

Die Geschichte, die vieles kennt, kennt wohl kaum einen anderen Feldzug der Bosheit, des Hasses und der Hetzerei, der jenem gleichkommt, der in der Epoche Kerenskis gegen uns geführt wurde. Die Zeitungen aller Schattierungen und Richtungen verspotteten, verwünschten und brandmarkten uns Bolschewiki in allen ihren Artikeln und Abteilungen in Prosa und Versen, durch Worte und Zeichnungen. Es gab keine Schändlichkeit, die man uns nicht zugeschrieben hätte: allen zusammen und jedem Einzelnen. Wenn die Hetze ihren Höhepunkt erreicht zu haben schien, verlieh ihr irgendeine Episode, manchmal eine ganz nichtige, wieder neue Energie. Sie schwang sich noch höher auf, berauscht von den Ausdünstungen ihres eigenen Tobens. Die Bourgeoisie ahnte eine tödliche Gefahr. Der Irrsinn der Angst phantasierte mit der Zunge fantastischer Raserei. Die Menschewiki spiegelten wie immer die Stimmungen der Bourgeoisie wider. In der ärgsten Hitze dieses Feldzuges erstattete Mister Henderson der Provisorischen Regierung eine Visite und kam zu dem beruhigenden Schluss, dass Sir Buchanan mit der erforderlichen Würde und mit Erfolg die Ideale der britischen Demokratie unter der Demokratie Kerenski-Zeretelli vertrete.

Die Zarenpolizei und die Konterspionage, die zeitweilig aus Angst vor Missgriffen untätig geblieben waren, strebten eifrig danach, den neuen Herrschaften ihre Ergebenheit zu beweisen. Alle Parteien der gebildeten Gesellschaft wiesen ihnen einmütig ein Objekt ihrer Pflege und Sorge zu: die Bolschewiki. Die dummen Erfindungen von unserer Verbindung mit dem Generalstab des Hohenzollern, denen in der Tat niemand Glauben schenkte, außer vielleicht die kleinen Spitzel und die Moskauer Kaufmannsfrauen, wurden wiederholt, weiterentwickelt, variiert, breitgetreten, von Tag zu Tag und in allen Tonarten. Die Führer der Menschewiki kannten besser als sonst jemand den wahren Wert dieser Beschuldigung. Aber Zeretelli und Co. hielten es aus politischen Motiven für nützlich, sie aufrechtzuerhalten.

Im Brustbariton gibt Zeretelli den Ton an, mit heiserem Gebell antworten ihm die Schwarzen Hundert aus den Hinterhöfen. Das Resultat ist, dass die Kommunistische Partei formell des Hochverrats, des Dienstes im Interesse des deutschen Militarismus beschuldigt wird. Der bürgerliche Volkshaufe zertrümmert unsere Druckereien und Büros unter der Führung der patriotischen Offiziersclique, Kerenski schließt unsere Zeitungen, Tausende und Abertausende von Kommunisten werden in Petrograd und an allen Enden des Landes verhaftet. Die Menschewiki und ihre Bundesgenossen, die Sozialrevolutionäre, haben die Macht aus den Händen der Arbeiter- und Soldatenräte empfangen. Aber sie fühlten sehr bald, dass ihnen der Boden unter den Füßen schwand. Ihr Denken war darauf gerichtet, als Gegengewicht zu den Arbeiter- und Soldatenräten den kleinbürgerlichen und bürgerlichen Elementen behilflich zu sein, sich durch Vermittlung der demokratischen Munizipalitäten und Semstwos politisch zu organisieren. Da aber die Sowjets sich zu schnell nach links entwickelten, so wurde die Arbeit auf dem Gebiete des Zusammenschlusses der bürgerlichen Klassen bei den Menschewiki durch die Arbeit zur Schwächung und Desorganisierung der Sowjets ergänzt; Die Neuwahlen wurden böswillig in die Länge gezogen, der Zweite Sowjetkongress offen sabotiert. Zeretelli inspirierte diese Politik, Tschcheidse krönte sie organisatorisch. Im Zentralorgan der Sowjets wurde bereits seit August-September 1917 bewiesen, dass das Sowjetsystem sich überlebt habe, dass die Sowjets „in Zersetzung begriffen seien". Je revolutionärer, hartnäckiger, ungeduldiger die Arbeiter- und Bauernmassen wurden, desto gröberen und offeneren Charakter nahm die Abhängigkeit der Menschewiki von den besitzenden Klassen an. Die bürgerlich-demokratischen Munizipalitäten und Semstwos retteten die Situation nicht. Die revolutionäre Welle stürmte über dieses traurige Wehr hinweg. Der trotzdem von den Menschewiki – unter unserem Druck – einberufene Zweite Allrussische Sowjetkongress nahm, unterstützt von der Petrograder Garnison, die Macht in die Hand, fast ohne Kampf und Opfer. Da stellten sich die Menschewiki zusammen mit den Sozialrevolutionären und Kadetten auf die Bahn des erbitterten und, wo dies möglich war, des bewaffneten Kampfes gegen die Sowjets, d.h. gegen die Arbeiter und Bauern. So wurde das Fundament für die weißen Fronten gelegt.

Im Laufe der ersten neun Monate der Revolution ließen die Menschewiki folglich drei Etappen einander ablösen: Frühjahr 1917 sind sie die unbeschränkten Führer der Sowjets; im Sommer versuchen sie eine „neutrale" Position zwischen den Sowjets und der Bourgeoisie einzunehmen; im Herbst erklären sie gemeinsam mit der Bourgeoisie den Sowjets den Bürgerkrieg. Diese deutliche Aufeinanderfolge der Etappen charakterisiert das ganze Wesen des Menschewismus und enthält, wie wir weiter sehen werden, die ganze Geschichte des menschewistischen Georgiens.

Noch vor dem Oktoberumsturz entwischt Tschcheidse in den Kaukasus: die Vorsicht war stets seine stärkste Bürgertugend. Er wurde später zum Vorsitzenden des transkaukasischen Koalitionssejm gewählt: auf diese Weise setzt Tschcheidse seine Rolle, die er in Petrograd in folio spielte, im Kaukasus in octavo fort.

Die Menschewiki, verbündet mit den Sozialrevolutionären und Kadetten, wurden zu Inspiratoren des gegenrevolutionären „Komitees zur Rettung des Vaterlandes und der Revolution", das sofort mit der gegen Petrograd anrückenden Kosakenkavallerie Krasnows in Verbindung trat und einen bewaffneten Aufstand der Junker organisierte. Die Führer der Menschewiki, denen Kautsky das Patent für die Einrichtung unblutiger Demokratien verleiht, sind die tatsächlichen Initiatoren und Organisatoren des Bürgerkrieges in Russland. Vom Petrograder „Komitee zur Rettung des Vaterlandes und der Revolution", in dem die Menschewiki mit allen weißgardistischen Organisationen zusammenarbeiteten, führen direkte Fäden zu allen weiteren gegenrevolutionären Aufständen, Verschwörungen, Attentaten: zu den Tschechoslowaken an der Wolga, zum Samara-Komitee der Konstituante und zu Koltschak, zur Regierung Tschaikowskis und zum General Miller im Norden, zu Denikin und Wrangel im Süden, zu den Generalstäben der bürgerlichen Randrepubliken, zu den ausländischen Emigranten-Zufluchtsorten und zu den Geheimfonds der Entente.

24

An dieser ganzen Arbeit beteiligten sich die Führer der Menschewiki, darunter auch die der georgischen, jedoch nicht im Namen der Verteidigung des unabhängigen Georgiens, von dem noch gar keine Rede war, sondern als Führer einer der antisowjetistischen Parteien, die im ganzen Lande ihre Stützpunkte hatten. Als Führer des Antisowjetblocks in der Konstituante trat niemand anders als Zeretelli auf.

Zusammen mit der ganzen Gegenrevolution zogen sich die Menschewiki vom Industriezentrum an die rückständige Peripherie zurück. Sie benutzten natürlich Transkaukasien als eine der äußersten Grenzen. Während sie sich in Samara hinter der Losung der Konstituierenden Versammlung verschanzten, versuchten sie in Tiflis in einem bestimmten Moment die Fahne der unabhängigen Republik zu entfalten. Doch geschah das nicht plötzlich. Der Übergang von der bürgerlich-zentralistischen Position zur kleinbürgerlich-separatistischen, der nicht durch die nationalen Forderungen der georgischen Massen, sondern durch die Erwägungen des allgemein-russischen Bürgerkrieges diktiert wurde, hatte in seiner Entwicklung einige Etappen durchzumachen.

Drei Tage nach dem Oktoberumsturz in Petrograd erklärte Dschordania in der Sitzung der Tifliser Stadtduma: „Der Aufstand in Petrograd geht seinen letzten Tagen entgegen. Er war von Anfang an zu einem Misserfolg verurteilt." Das ist ganz in der Ordnung der Dinge: niemand konnte verlangen, dass Dschordania in Tiflis mehr Scharfklick[5] an den Tag lege, als die anderen Philister an allen Enden der Welt. Der Unterschied ist nur der, dass Tiflis einer der Punkte der russischen Revolution ist, und dass Dschordania einer der aktiven Teilnehmer an jenem Kampfe ist, der dem bolschewistischen Aufstande ein Ende machen sollte. Aber die „letzten Tage" verflossen und waren doch nicht die letzten. Bereits im November musste in Eile ein selbständiges Transkaukasisches Kommissariat geschaffen werden: kein Staat, sondern ein zeitweiliger gegenrevolutionärer Waffenplatz, von dem aus die georgischen Menschewiki der Wiederherstellung der „demokratischen" Ordnung in ganz Russland entscheidende Hilfe zu erweisen hofften. Diese Hoffnungen waren mehr oder weniger begründet. Wirtschaftliche Zurückgebliebenheit, äußerste Schwäche des indust-

---

5   Anm. d. Verl.: Steht so im Original, es ist vermutlich Scharfblick gemeint.

riellen Proletariats, die Entfernung von Zentralrussland, Verflechtung von Nationalitäten mit verschiedenartigen sozialen, die Lebensweise und die Religion betreffenden Bedingungen, das Vorhandensein von Misstrauen und nationalem Antagonismus zwischen den Nationalitäten, schließlich die Nachbarschaft von Don und Kuban, – das alles zusammen schuf günstige Bedingungen für die Wühlereien gegen die Arbeiterrevolution und verwandelte tatsächlich für lange Zeit Vorderkaukasien und den Kaukasus in eine Vendée und Gironde, die durch den gemeinsamen Kampf gegen die Sowjets verbunden waren.

In dieser Periode befanden sich in Transkaukasien noch zahlreiche Zarentruppen der türkischen Front. Die Nachrichten vom Friedensangebot der Sowjetregierung und von der Bodenreform erschütterten nicht nur die Soldatenmassen, sondern auch die lokale werktätige Bevölkerung Transkaukasiens. Es beginnt eine aufgeregte Epoche für die Gegenrevolutionäre, die sich in Transkaukasien verschanzt hatten. Sie bildeten sofort einen „Ordnungs"-Block, dem alle Parteien angehörten, mit Ausnahme natürlich der Bolschewiki. Die Menschewiki, die die führende Rolle beibehielten, inspirierten das Bündnis der georgischen adligen Gutsbesitzer und der Kleinbourgeoisie, der armenischen Krämer und Naphthaindustriellen, der tatarischen Beys und Chane. Die russische weiße Offiziersclique stellte sich ganz dem antibolschewistischen Block zur Verfügung.

Ende Dezember fand der Delegiertenkongress der transkaukasischen Front statt, der unter der Führung der Menschewiki selbst einberufen wurde. Die Linken hatten die Mehrheit. Da veranstalteten die Menschewiki gemeinsam mit dem rechten Flügel des Kongresses einen Umsturz und schufen ohne die Linken, d.h. ohne die Mehrheit, den Gebietssowjet der transkaukasischen Truppen. Nach Übereinkunft mit diesem Sowjet bestimmte das Transkaukasische Kommissariat im Januar 1918 folgendes: „Es ist als erwünscht zu betrachten, in jene Gegenden, in denen gegenwärtig Unruhen stattfinden, Kosakenabteilungen zu entsenden ..." Usurpation als Methode und. Kornilowkosaken als bewaffnete Macht – das sind die tatsächlichen Ausgangspunkte der transkaukasischen Demokratie.

Der menschewistische coup d'état in Transkaukasien ist keine Ausnahme. Als sich herausstellte, dass auf dem Zweiten Allrussischen

Sowjetkongress (Oktober 1917) die Bolschewiki die erdrückende Mehrheit darstellten, weigerte sich das alte Exekutivkomitee (aus Menschewiki und SR. bestehend), das den Kongress einberufen hatte, die Geschäfte dem auf dem Kongress gewählten Exekutivkomitee zu übergeben. Zum Glück hatten wir nicht nur die formale Mehrheit des Kongresses, sondern auch die ganze Garnison der Hauptstadt auf unserer Seite. Das rettete uns vor der Sprengung und gestattete uns, den Menschewiki eine anschauliche Lektion über die Sowjetdemokratie zu geben ...

Die transkaukasischen Truppen blieben aber nach wie vor eine Gefahr für die „Ordnung", auch nach der Palastrevolution der Menschewiki. Der Unterstützung der revolutionär gesinnten Soldaten sicher, legten die Arbeiter- und Bauernmassen Transkaukasiens die unzweideutige Absicht an den Tag, dem Beispiel der Nordbevölkerung zu folgen. Um die Situation zu retten, musste man die revolutionären Truppen entwaffnen und zerstreuen.

Der Plan der Entwaffnung der Armee wurde von der Regierung Transkaukasiens in Gemeinschaft mit Vertretern der Zarengeneralität geheim ausgearbeitet. An der Verschwörung beteiligten sich der Weiße General Prschewalski, der künftige Kampfgenosse Wrangels, Oberst Schatilow, der künftige georgische Minister des Innern, Ramischwili u.a. Zugleich mit den Maßnahmen zur Entwaffnung der revolutionären Truppenabteilungen wurde bestimmt, dass die Kosakenregimenter, die Stütze Kornilows, Kaledins, Krasnows, nicht entwaffnet werden sollten. Das Zusammenarbeiten der menschewistischen Gironde und der Kosaken-Vendée nimmt hier kriegerischen Charakter an.

Die Entwaffnung artete in gemeine Beraubung und oftmals in Vernichtung der in die Heimat zurückkehrenden Soldaten durch spezielle gegenrevolutionäre Abteilungen aus. An einigen Eisenbahnstationen fanden unter Anwendung von Panzerzügen und Artillerie große Gefechte statt. Tausende von Opfern fielen bei diesen Schlachten, dessen Inspiratoren die georgischen Menschewiki gewesen sind.

Der glückselige Kautsky stellt die bolschewistisch gesinnten transkaukasischen Truppen als zügellose Banden dar, die plünderten, vergewaltigten und mordeten. Ganz genau ebenso wurden sie seinerzeit von dem ganzen gegenrevolutionären Gesindel dargestellt. Diese

Betrachtungsweise benötigt Kautsky, um die georgischen Menschewiki, die Initiatoren der Entwaffnung, als „Ritter im besten Sinne des Wortes" darzustellen. Es stehen uns aber einige Zeugnisse zur Verfügung, und zwar solche, die von den Menschewiki selbst gegeben sind. Diese letzteren erschraken selbst vor dem Werk ihrer Hände, als die Entwaffnung blutigen Pogromcharakter annahm. Der angesehene Menschewik Dschugeli erklärte am 14. Januar 1918:

> „Das war keine Entwaffnung, sondern eine Ausplünderung der Soldaten. Den unglücklichen, abgequälten, nach ihrem Heim sich sehnenden Leuten wurde alles bis auf die Stiefel abgenommen. An Ort und Stelle wurde Handel damit getrieben. Die Räuberbanden verkauften Waffen. Es waren empörende Vorgänge." („Slowo", No. 10.)

Dschugeli, der selbst an der Entwaffnung der Garnison von Tiflis teilgenommen hat (wir werden diesem Herrn noch im Weiteren begegnen), beschuldigte einige Tage später Ramischwili, eine der räuberischen Abteilungen der transkaukasischen Gegenrevolution zu der Entwaffnungsarbeit herangezogen zu haben. Zwischen den beiden Politikern fand aus diesem Anlass folgender öffentlicher „Meinungsaustausch" statt, den wir anführen müssen:

N. Ramischwili: Dschugeli ist ein Verleumder.

Dschugeli: Und Noj Ramischwili ein Lügner.

Ramischwili (wiederholend): Dschugeli ist ein Verleumder.

Dschugeli: Bitte mit den gegen mich gerichteten beleidigenden Ausdrücken aufzuhören.

Ramischwili: Ich erkläre, dass das von Dschugeli Gesagte eine Insinuation ist, und dass Dschugeli ein Verleumder ist.

Dschugeli: Und Sie sind ein niederträchtiger Kerl und ein Schuft, und ich werde mit Ihnen, wie es sich gehört, verfahren. („Slowo" No. 22.)

Wir sehen, dass die Entwaffnung durchaus nicht eine so unzweifelhaft ritterliche Arbeit war, wie Kautsky schreibt, wenn zwei Gesinnungsgenossen, die dieser Suche so nahe stehen, in so unritterlicher Weise die Verantwortung für sie von sich abzuwälzen suchen.

Aber man kann doch nicht umhin, mitfühlend den Kopf über Kautsky zu schütteln: da sieht man, was ein Überschuss an Eifer bei Schwächung der Hemmungszentren zu bedeuten hat! Wir wollen gleich hier bemerken, dass die ganze Broschüre Kautskys durch ihren ungeschliffenen apologetischen Ton außerordentlich an die Schriften einiger hochbetagter französischer Akademiker über die zivilisatorische Mission des Fürstentums Monaco oder die wohltätige Rolle der Karadjordje erinnert. Die hochbetagten Akademiker, die bei sich in der Heimat außer Kurs gesetzt worden waren, bekamen von der dankbaren Regierung des von ihnen entdeckten Arkadiens Orden und Pension. Kautsky wurde, soweit uns bekannt, nur zum Ehrenmitglied der georgischen Volksgarde ernannt. Das zeugt davon, dass er uneigennütziger ist als die französischen Akademiker. Während er ihnen aber in der Tiefe der historischen Verallgemeinerung gleichkommt, steht er ihnen in der Gewähltheit des Stiles seiner Lobreden bedeutend nach.

* * *

Der Friede von Brest-Litowsk erwuchs aus dem Zerfall der alten Armee. Diese war durch eine lange Reihe von Niederlagen stark erschöpft. Schon die Tatsache der Märzrevolution versetzte ihrer inneren Organisation einen äußerst empfindlichen Schlag. Sie hätte von unten bis oben durch Veränderung ihrer sozialen Basis, durch Setzung neuer Ziele und neuer innerer Beziehungen umgebaut werden müssen. Stattdessen wurde sie durch die vollständige Nichtübereinstimmung von Wort und Tat, durch das leere Revolutionsgerede bei dem Mangel an Willen zu Veränderungen, kurz, durch die demokratische Maskerade der Kerenski-Zeretelli endgültig getötet. General Werchowski, Kriegsminister der Regierung Kerenski, wiederholte immer wieder hartnäckig, dass die Armee vollständig außerstande sei, den Krieg fortzusetzen, und dass es notwendig sei, Frieden um jeden Preis zu schließen. Die weiteren Hoffnungen auf ein Wunder und Unschlüssigkeit, die durch patriotische Hysterie verdeckt wurde, machten nur die Hoffnungslosigkeit der Lage offenbar. Hieraus erwuchs Brest-Litowsk. Die Menschewiki verlangten von uns eine Fortsetzung des Krieges gegen Deutschland, in der Hoffnung, dass wir uns auf diese Weise sicher das Genick brechen würden. Unter dieser antideutschen Fahne vereinigten sie sich mit allen Kräften der Reaktion. Sie versuchten gegen uns die letzten Überreste des kriegerischen Beharrungsvermögens des Volkes auszunützen. Die georgischen leaders marschierten hierbei in der ersten Reihe.

Der Brest-Litowsker Friedensschluss gab den äußeren Anlass für die Proklamierung der Unabhängigkeit Transkaukasiens (22. April 1918). Nach der patriotischen Rhetorik der Vergangenheit zu schließen, konnte man meinen, dass die Fortführung des Krieges gegen die Türkei und Deutschland das Ziel sei. Im Gegenteil: die formelle Loslösung Transkaukasiens von Russland war diktiert durch das Bestreben, eine unangreifbare juristische Situation für eine ausländische Intervention zu schaffen. Die Menschewiki hofften nicht ohne Grund, mit deren Hilfe in Transkaukasien das bürgerlich-demokratische Regime aufrechtzuerhalten und darauf dem Sowjetnorden einen Schlag zu versetzen.

Nicht nur die mit den Menschewiki verbündeten bürgerlich-gutsherrlichen Parteien, sondern auch die Führer des georgischen Menschewismus selbst sprachen und schrieben offen vom Kampfe gegen den allrussischen Bolschewismus als von der Hauptursache der Loslösung Transkaukasiens. Am 26. April sagte Zeretelli im Transkaukasischen Sejm:

> „Als in Russland der Bolschewismus aufkam, als sich dort die Hand des Todes auf das Leben des Staates senkte, kämpften wir mit allen verfügbaren Kräften gegen den Bolschewismus. Wir kämpften dort gegen die Mörder des Staates und die Mörder der Nation und werden mit *der gleichen Selbstverleugnung hier gegen die Mörder der Nation kämpfen!*" (Stürmischer Beifall.)

Mit der gleichen Selbstverleugnung und – mit dem gleichen Erfolg!

Lassen aber etwa diese Worte auch nur einen Schatten des Zweifels darüber, worin die Menschewiki die Aufgabe eines „selbständigen" Transkaukasiens erblickten! Nicht in der Schaffung einer zwischen dem Schwarzen und dem Kaspischen Meere gelegenen idealen sozialdemokratischen Republik, die heilig und neutral ist, sondern im Kampfe gegen die Mörder des Staates (des bürgerlichen!), gegen die Bolschewiki, im Namen der Wiederherstellung der bürgerlich-demokratischen „Nation" im alten Staatsrahmen. Die ganze eben erst zitierte Rede Zeretellis besteht aus Wiederholungen der gleichen pathetischen Gemeinplätze, die wir aus seinem Munde Dutzende von Malen in Petrograd zu hören bekamen. Den Vorsitz in dieser „historischen" Sitzung des Transkaukasischen Sejm hatte eben derselbe Tschcheidse, der als ständiger Vorsitzender mehr als einmal den Bolschewiki in Petrograd den Mund stopfte. Nur mit dem Unterschiede, dass, was sie im Norden in folio taten, sie hier in oktavo reproduzierten. Mit der gleichen Selbstverleugnung und – mit dem gleichen Erfolg!

In praktischer Hinsicht hat die Nichtanerkennung des Brest-Litowsker Vertrages Transkaukasien sofort als „Staat" in eine ausweglose Situation gestellt, denn sie gab den Türken und ihren Verbündeten endgültig die Hände frei. Schon einige Wochen später baten die transkaukasische Regierung und der Sejm die Türkei, den Brest-Litowsker Vertrag als Basis anzunehmen. Aber die Türken wollten hiervon durchaus nichts hören. Die Paschas und die deutschen Generäle wurden in Transkaukasien die unbeschränkten Herren der Situation. Aber die Hauptsache war doch erreicht: mit Hilfe ausländischer Truppen wurde die Revolution vorübergehend unterdrückt und der Sturz des bürgerlichen Regimes auf eine spätere Zeit verschoben.

Bei der Proklamierung der Unabhängigkeit Transkaukasiens (22. April 1918), ohne jegliche Befragung der Bevölkerung, proklamierten die georgischen Menschewiki, wie das so üblich ist, eine neue Ära der Brüderschaft seiner verschiedenen Stämmen angehörenden Völkerschaften auf der Grundlage der Demokratie. Kaum war indessen die neue Republik entstanden, als sie auch schon zerfiel. Aserbaidschan suchte bei der Türkei Rettung, Armenien fürchtete die Türken mehr als das Feuer, Georgien suchte bei Deutschland Schutz. Fünf Wochen nach ihrer feierlichen Proklamierung wurde die Transkaukasische Republik liquidiert. Bei ihrer Beerdigung gab es nicht weniger demokratische Deklamationen als bei ihrer Geburt. Aber das Wesen der Sache ändert sich hierdurch nicht: die kleinbürgerliche Demokratie zeigt ihre vollständige Unfähigkeit, nationale Reibungen zu überwinden und nationale Interessen in Übereinstimmung zu bringen. Am 26. Mai 1918 wird – wiederum ohne jegliche Befragung der Bevölkerung – das unabhängige Georgien, als ein Splitter Transkaukasiens, gegründet. Wiederum fließen Ströme feierlich demokratischen Lobredens! Es vergehen nur fünf Monate, und schon entsteht zwischen dem demokratischen Georgien und dem ebenso demokratischen Armenien ein Krieg um einen strittigen Territoriumfetzen. Von beiden Seiten hören wir Reden von den höchsten Geboten der Zivilisation und von dem treubrüchigen Überfall des Feindes. Über den armenisch-georgischen „demokratischen" Krieg finden wir bei Kautsky kein Wort! Unter der Führung der Dschordania-Zeretelli und ihrer armenischen und tatarischen Doppelgänger verwandelt sich Transkaukasien sofort in eine Balkanhalbinsel, auf der nationales „Gemetzel und demokratisches Scharlatantum schon lange eine gleich hohe Entwicklung erreicht haben. Bei diesem Widerlichen Schwanken und blutigen Umstürzen führt aber der georgische Menschewismus treu seine wirkliche Leitidee durch: erbarmungsloser Kampf gegen die bolschewistische „Anarchie".

Die Selbständigkeit Georgiens ermöglicht den Menschewiki, oder richtiger zwingt sie, offen zu zeigen, welchen Platz sie im Kampfe der Sowjetrepublik gegen den Imperialismus einnehmen. Die Antwort Dschordanias konnte keine deutlichere sein.

„Die georgische Regierung bringt der Bevölkerung zur Kenntnis – so lautet die Regierungsmitteilung vom 13. Juli 1918 –, dass die in Tiflis eingetroffenen deutschen Truppen von der Regierung Georgiens selbst zum Kommen aufgefordert worden sind und die Aufgabe haben, in vollem Einvernehmen mit der Regierung und nach ihren Weisungen die Grenzen der georgischen demokratischen Republik zu verteidigen. Ein Teil dieser Truppen ist bereits in den Bortschalinski-Kreis entsandt, um ihn von den Räuberbanden zu säubern." (In Wirklichkeit für den inoffiziellen Krieg gegen das demokratische Aserbaidschan, wiederum wegen eines Territoriumfetzens.)

Der glückselige Kautsky stellt die Sache so dar, als wenn die deutschen Truppen ausschließlich zum Schutz gegen die Türken gerufen worden wären und Georgien in allem übrigen seine volle Selbständigkeit wahrte. Selbst wenn man annehmen wollte, dass irgendwelche demokratischen Kälber den General v. Kreß aufgefordert hätten, als einfache Außenwache für die Institutionen der georgischen Demokratie zu kommen, so passte der General v. Kreß selbst wenig für eine solche Rolle. Es wäre aber durchaus nicht am Platze, die Naivität der demokratischen Kälber zu überschätzen. Es ist jetzt ganz klar, worin die Rolle der deutschen Truppen in den Randstaaten Russlands im Laufe des Jahres 1918 bestanden hat. In Finnland traten sie als Henker der Arbeiterrevolution auf. Im Baltikum ebenfalls. Sie durchzogen die ganze Ukraine, indem sie die Sowjets vernichteten, die Kommunisten ausrotteten, die Arbeiter und Bauern entwaffneten. Dschordania hatte gar keinen Grund, zu erwarten, dass sie mit anderen Zielen in Georgien einmarschieren würden. Gerade deshalb aber hatte die menschewistische Regierung die Truppen des siegreichen Hohenzollern aufgefordert zu kommen. Vor den türkischen Truppen hatten sie alle Vorzüge der Disziplin. „Es ist noch eine große Frage, welche Gefahr für uns die schlimmere ist", erklärte am 28. April 1918 der offizielle Berichterstatter des Transkaukasischen Sejm, der Menschewik Oniaschwili, „ob die bolschewistische oder die türkische?" Dass die bolschewistische Gefahr unvergleichlich schlimmer sei als die deutsche, darüber bestand bei ihnen kein Zweifel. Sie verheimlichten das nicht in ihren Reden und haben es durch die Tat bewiesen. Als Minister der Allrussischen Regierung beschuldigten uns die georgischen Menschewiki des Bündnisses mit dem deutschen Generalstab und ließen durch die Untersuchungsrichter des Zaren die Beschuldigung des Hochverrats gegen uns aussprechen. Den Frieden von Brest-Litowsk, der dem deutschen Imperialismus die „Tore der Revolution" öffnete, erklärten sie als einen Verrat an Russland. Unter dieser Losung riefen sie zum Sturz der Bolschewiki auf. Als aber der Boden der Revolution ihnen zu heiß unter den Füßen wurde, spalteten sie Transkaukasien von Russland ab, darauf Georgien von Transkaukasien und öffneten tatsächlich die Tore der „Demokratie" sperrangelweit für die Heere des Kaisers mit dem tiefsten Bückling und den schmeichelhaftesten Reden. Nach der Vernichtung Deutschlands wiederholten sie, wie wir sehen werden, die gleichen Worte und Gesten an die Adresse der siegreichen Entente. In dieser Beziehung, wie auch in jeder anderen, bildet die Politik der Menschewiki eine deutliche Widerspiegelung der Politik der russischen Bourgeoisie. In der Person der Kadetten (Miljukow!) traten sie in der Ukraine mit den deutschen Okkupationsbehörden ins Einvernehmen und entsandten nach der Vernichtung Deutschlands die gleichen Kadetten in den Schoß der Entente, als verlorene Söhne, die trotz ihres Zickzackweges doch die Hauptsache sowohl für sich selbst als auch für die Entente nicht aus dem Auge ließen: den Kampf gegen die Bolschewiki. Das war der Grund, warum die Entente ihnen so leicht ihr Herz und, was noch wichtiger ist, ihre Kasse von neuem öffnete. Das war der Grund, warum der Kriegsminister Henderson, der in Petrograd mit dem Kriegsminister Zeretelli Brüderschaft geschlossen hatte, ihn wieder wie einen Bruder begrüßte, nachdem Zeretelli in den Armen des Hohenzollerngenerals von Kreß gelegen hatte. Zickzack-Linien, Widersprüche, Verrat – aber stets gegen die Revolution des Proletariats.

Am 25. September 1918 versicherte Dschordania dem General v. Kreß schriftlich: „Es liegt nicht in unserem Interesse, das Prestige Deutschlands im Kaukasus zu verringern." Zwei Monate später aber mussten sie bereits den britischen Truppen die Tore öffnen. Es gingen Verhandlungen voraus, deren Hauptaufgabe darin bestand, zu beweisen, klar zu machen, zu überzeugen, dass die georgische „Demokratie" mit dem deutschen General v. Kreß eine durch die Verhältnisse aufgezwungene Halbehe aus Vernunftgründen geschlossen hatte; die wahre Ehe aber, aus tiefer Neigung, stehe ihr gerade mit dem britischen General Wakker bevor. Am 15. Dezember antwortete der alte Menschewik Topuridse, der Vertreter der Regierung in Batum, auf die Fragen der Ententemission: „Ich nehme an" – so sagt er, nach seinem eigenen Bericht – , „dass unsere Republik mit allen Mitteln und aus allen Kräften die alliierten Großmächte im Kampf gegen die Bolschewiki unterstützen wird ..." Dem englischen Agenten Webster berichtet der gleiche Topuridse, dass Georgien „die Erfüllung seiner Pflicht darin sehen wird, England im Kaukasus in seinem Kampfe gegen den Bolschewismus zu unterstützen". Nachdem der britische Oberst Jordan erklärt hatte, dass der Hineintransport der alliierten Truppen nach Georgien „gemäß dem allgemeinen Schema des internationalen Friedens und der Ruhe" vor sich gehen werde, d.h. zum Zwecke der Erdrosselung der Bolschewiki im allrussischen Maßstabe und zum Zwecke der Unterordnung aller Völker Russlands unter den Admiral Koltschak, da benachrichtigte Gegetschkori den Oberst Jordan, „die georgische Regierung, begeistert von dem Wunsche, im Einvernehmen mit den Verbündeten an der Verwirklichung der von den Verbündeten proklamierten Grundsätze des Rechts und der Gerechtigkeit zu arbeiten, gibt ihre Einwilligung zu dem Einzug der Truppen". Kurz, beim Tausch der deutschen Untertanschaft gegen die Entente-Untertanschaft haben die Führer des georgischen Menschewismus den

guten alten Rat des russischen Dichters übermäßig vernachlässigt:
„Ihr Schmeichler! Wisset selbst in höchster Niedertracht den Schein
des Edelmuts zu wahren!"

Ich erinnere mich nur zu gut an den Sitzungstisch in Brest-Litowsk.
Ich erinnere mich nur zu gut an die an diesem Tisch Sitzenden, an
Baron Kühlmann, General Hoffmann und Graf Czernin. Aber noch
deutlicher und schärfer erinnere ich mich an die Vertreter der ukrainischen kleinbürgerlichen Demokratie, die sich ebenfalls Sozialisten
nannten und die – ihrem politischen Niveau nach – sehr gut zu den
georgischen Menschewiki passten. Während der Verhandlung selbst
bildeten sie hinter unserem Rücken einen Block mit den feudalen Vertretern Deutschlands und Österreich-Ungarns. Man muss gesehen
haben, wie sie vor jenen scharwenzelten und wedelten, wie sie ihren
neuen Herrschaften sklavisch und liebevoll in die Augen schauten und
mit welchem hochmütigen Triumph sie auf uns blickten, auf die iso-
lierten Vertreter des Proletariats bei diesen Brest-Litowsker Sitzungen!

Ich weiß,
wie diese Schufte nach dem Wind sich drehen:
sie schmeicheln, stiften Streit und gießen Öl ins Feuer,
sind knechtisch dienstbereit, und hündisch
laufen sie den Herren nach!

Die Ereignisse der letzten Jahre waren nicht arm an Prüfungen. Ich
weiß aber keine schwereren Minuten, keine unerträglicheren als jene,
als wir die Atmosphäre brennender Scham über die Ehrlosigkeit, den
Mangel an Würde, die Geringwertigkeit der kleinbürgerlichen Demokratie einatmen mussten, die im Kampfe gegen das Proletariat sich vor
den Vertretern der feudal-kapitalistischen Welt auf die Knie warf. War
es aber nicht Wort für Wort, Buchstabe für Buchstabe das gleiche, was
der georgische Menschewismus zweimal begangen hat ?

II.

„Strikteste Neutralität"

Kautsky, Vandervelde, Henderson, kurz, die internationale Mistress Snowden, leugnen kategorisch die Zusammenarbeit des menschewistischen Georgiens mit den russischen und ausländischen Gegenrevolutionären. Darin liegt aber der Kern der ganzen Frage. Während des erbitterten Krieges Sowjetrusslands gegen die Weißgardisten, die der ausländische Imperialismus unterstützte, soll das demokratische Georgien angeblich Neutralität bewahrt haben. Und zwar nicht einfach Neutralität, schreibt der glückselige Kautsky, sondern „strikteste Neutralität". Man könnte daran zweifeln, selbst wenn uns die Tatsachen unbekannt wären. Wir kennen sie aber. Wir wissen nicht nur, dass die georgischen Menschewiki sich an allen Bänken gegen die Republik der Sowjets beteiligten, sondern wissen auch, dass das unabhängige Georgien selbst geschaffen werden ist als eine Waffe im imperialistischen Kriege und im Bürgerkrieg gegen das Arbeiter- und Bauernrussland. Wir haben das bereits aus der vorhergehenden Darlegung gesehen. Aber der glückselige Kautsky möchte hiervon gar nichts hören. Aber Mistress Snowden ist empört. Aber Macdonald lehnt mit Unwillen die „dummen Beschuldigungen" ab. Macdonald schreibt auch wörtlich: „Dumme Beschuldigungen", denn er ist sehr böse. Und Macdonald ist zwar kein Brutus, aber ein „ehrenwerter Mann". Doch gibt es Tatsachen, Dokumente, Protokolle, denen man mehr Glauben schenken muss als den sogenannten ehrenwerten Leuten.

Am 25. September 1918 fand eine offizielle Beratung der Vertreter der georgischen Republik, der Kubanregierung und der Freiwilligenarmee statt. Als Vertreter dieser letzteren traten die Generale Alexejew, Denikin, Romanowski, Dragomirow, Lukomski, der bekannte Monarchist Schulgin u.a. auf – ihre Namen sprechen eine beredte Sprache. General Alexejew eröffnete die Beratung mit den Worten:

> „Im Namen der Freiwilligenarmee und der Kubanregierung begrüße ich die Vertreter des *uns befreundeten*, durch E. P. Gegetschkori und General G. J. Masniew vertretenen Georgiens."

Die befreundeten Parteien hatten ihre Meinungsverschiedenheiten; die wichtigste bezog sich auf den Bezirk Sotschinsk. Als Gegetschkori die Meinungsverschiedenheiten schlichtete, sagte er:

> „Wohin anders, wenn nicht nach Georgien, begannen während der Verfolgungen, denen die Offiziere in Russland ausgesetzt waren, von allen Enden Russlands die Offiziere zusammenzuströmen? Und wir nahmen sie auf, teilten mit ihnen alles aus unseren dürftigen Mitteln, zahlten ihnen Gehalt, ernährten sie und. taten alles, um innerhalb der Grenzen unserer eigenen bedrückten Lage ihnen zu helfen ..."

Schon diese Worte können manche Bedenken hinsichtlich der „Neutralität" Georgiens im Kriege der Arbeiter gegen die Zarengenerale erwecken. Aber Gegetschkori selbst beeilt sich, diesen Bedenken den Charakter voller Unzweifelhaftigkeit zu verleihen.

> „Ich halte es für meine Pflicht, Sie daran zu erinnern – sagt er ferner zu Alexejew, Denikin u.a. –, dass man auch nicht vergessen darf, *was für einen Dienst wir Ihnen im Kampfe gegen den Bolschewismus erwiesen haben, und dass Sie diese Unterstützung ebenfalls berücksichtigen müssen.*"

Wie es scheint, sind sie klar, diese Worte Gegetschkoris, des Ministers für auswärtige Angelegenheiten des demokratischen Georgiens, eines der Führer der menschewistischen Partei. Oder benötigt Herr Macdonald vielleicht Kommentare? Diese gibt der zweite Vertreter Georgiens, Masniew, der sofort hinzufügt:

> „Die Offiziere sind fortwährend aus Tiflis zu Ihnen (zu Alexejew und Denikin) unterwegs, und ich unterstütze sie auf ihrem Wege in jeder Weise. Das kann auch General Ljachow; bestätigen. Es wird ihnen Geld in den Standquartieren ausgehändigt, sie werden verpflegt usw., und das alles unentgeltlich. Gemäß Ihrer Bitte *sammelte ich die Offiziere*, die sich in Sotschinsk, Gagry, Suchum befanden, und *forderte sie auf, in die Reihen Ihrer Truppen einzutreten* ..."

Kautsky garantiert für die Neutralität, und zwar für strikteste Neutralität. Macdonald bezeichnet die Hinweise auf jene Dienste, die die Menschewiki den Weißen im Kampfe gegen die Bolschewiki erwiesen, einfach als „dumme Beschuldigungen". Aber wir müssen doch sagen, dass der ehrenwerte Mann zu voreilig schimpft. Unsere Beschuldigungen werden durch Tatsachen bestätigt. Die Tatsachen überführen Macdonald. Die Tatsachen bestätigen, dass gerade wir die Wahrheit sagen, nicht aber die internationale Mistress Snowden.

Das ist aber noch nicht alles. Indem Gegetschkori zu beweisen bemüht ist, dass die Weißgardisten dadurch, dass sie den Bezirk Sotschinsk zeitweilig an Georgien abgetreten haben, nichts verlieren, umso mehr, da ihre Hauptaufgabe in der Bewegung nach Norden gegen die Bolschewiki besteht, sagt er:

> „Wenn tatsächlich in der Zukunft, woran ich nicht zweifle, ein neues Russland geschaffen werden wird, so wird sich für uns vielleicht nicht nur die Frage der Rückgabe des Bezirks Sotschinsk, sondern werden sich auch viel wichtigere Fragen erheben, und es muss dies von Ihnen berücksichtigt werden."

Diese Worte enthüllen den Sinn der Selbständigkeit Georgiens: sie ist nicht „nationale Selbstbestimmung", sondern eine strategische Maßnahme im Kampf gegen den Bolschewismus. Wenn Alexejew und Denikin ein „neues Russland" erstehen lassen werden – woran Gegetschkori „nicht zweifelt" –, so wird sich für die georgischen Menschewiki die Frage der Zurückgabe nicht nur des Bezirkes Sotschinsk, sondern ganz Georgiens in den Schoß des einigen Russlands erheben. So also sieht diese „strikteste Neutralität" aus.

Da Gegetschkori aber immer noch gewissermaßen Angst hat, dass in einigen feuerfesten Schädeln irgendwelche Zweifel bestehen bleiben könnten, so schließt er mit den Worten:

> „In der Frage über das Verhältnis zu den Bolschewiki kann ich erklären, dass der *Kampf gegen den Bolschewismus* innerhalb unserer Grenzen ein *erbarmungsloser* ist. Mit *allen* uns zur Verfügung stehenden *Mitteln unterdrücken* wir den Bolschewismus als eine gegen den Staat gerichtete Bewegung, die die Unversehrtheit unseres Staates gefährdet, und ich denke, dass wir in dieser Hinsicht schon eine *Reihe von Beweisen geliefert haben, die für sich selbst sprechen.*"

Diese Worte bedürfen auf jeden Fall keiner Erläuterung mehr! Woher aber sind solche intimen Gespräche bekannt? Sie sind protokolliert und gedruckt. Sind diese Protokolle aber nicht falsch? Wohl kaum. Sie sind von der georgischen Regierung selbst in Form eines Buntbuches herausgegeben unter dem Titel „Dokumente und Materialien zur Außenpolitik Transkaukasiens und. Georgiens". Tiflis 1919." Die zitierten Protokolle sind auf Seite 391 bis 414 abgedruckt. Da Gegetschkori Minister für auswärtige Angelegenheiten war, so hat er folglich seine Gespräche mit Alexejew und Denikin selbst gedruckt. Zur Entschuldigung Gegetschkoris muss man sagen, dass er damals noch nicht voraussah, dass Kautsky und Macdonald bei der Ehre der Zweiten Internationale die Neutralität des menschewistischen Georgiens würden beschwören müssen. Nicht nur in diesem Falle, sondern auch in vielen anderen Fällen wäre die Lage der ehrenwerten Leute von der Zweiten Internationale eine viel leichtere, wenn es in der Welt keine Stenographie und keine Buchdruckerkunst gäbe.

Damit uns der politische Sinn der Erklärungen Gegetschkoris in seinem Gespräch mit Denikin vollständig klar werde, muss man daran erinnern, welches die militärisch-politische Situation Sowjetrusslands im September 1918 war. Man nehme eine Karte zur Hand. Es ist der Mühe wert. Unsere Westgrenze verlief zwischen Pskow und Nowgorod. Pskow, Minsk und Moghilew befanden sich in den Händen des Prinzen Leopold von Bayern. Die deutschen Prinzen hatten aber damals noch etwas in der Welt zu bedeuten! Ebenfalls von den Deutschen, die zum Schutze der Demokratie gegen die Bolschewiki zu kommen aufgefordert waren, war die ganze Ukraine besetzt. Während sich die Vorhut der Heeresgruppe des Generals von Kirbach in Odessa und Sebastopol befand, reichte die Nachhut fast bis Kursk und Woranesh. Die Donkosaken bedrohten Woronesh von Südosten. In ihrem Rücken, im Kubangebiet, formierte sich die Armee Alexejew-Denikins. Im Kaukasus herrschten die Türken und die Deutschen. Das sowjetistische Astrachan hing nur noch an einem dünnen Faden. Nach Norden zu war die Wolga an zwei Stellen gesperrt durch die Kosaken bei Zarizyn und durch die Tschechoslowaken bei Samara. Die ganze Südhälfte des Kaspischen Meeres befand sich bereits in den Händen der Weißen unter dem Kommando englischer Marineoffiziere; die Nordhälfte wurde uns im nächsten Jahre entrissen. Im Osten führten wir gegen die Tschechoslowaken und die Weißen Krieg, die das Land am linken Ufer der Wolga, den Ural und Sibirien besetzt hielten. Im Norden herrschte die Entente; in ihren Händen befand sich Archangelsk und das ganze Ufer des Weißen Meeres. Die Nordhälfte der Murmanbahn war von den englisch-französischen Landungstruppen besetzt werden. Das Finnland Mannerheims hing drohend über Petrograd, das von drei Seiten her im Halbkreise von Feinden umzingelt war. Unsere Armee aber formierte sich erst unter den Schlägen.

Unter diesen Umständen berichten die offiziellen Vertreter des menschewistischen Georgiens den Organisatoren der Freiwilligenarmee, dass Georgien die weißen Offiziere vor den bolschewistischen Verfolgungen rettet; dass es sie unentgeltlich unterhält; dass es unter ihnen Freiwillige anwirbt und sie zu Alexejew-Denikin schickt; schließlich, dass es „erbarmungslos" gegen den Bolschewismus kämpft, indem es ihn „mit allen verfügbaren Mitteln" unterdrückt.

Gegetschkori hat nicht geprahlt und hat seine Verdienste um die Gegenrevolution nicht übertrieben. Er und seine Freunde haben tatsächlich alles getan, was sie konnten. Man konnte natürlich nicht von ihnen verlangen, dass sie eine ernsthafte bewaffnete Macht als Hilfe für die Weißen aufstellten, da sie selbst deutsche Truppen für den Kampf gegen die innere „Anarchie" verwenden mussten. Ihre realen Ressourcen waren viel geringer als ihr guter Wille zur Gegenrevolution. Nichtsdestoweniger haben sie, an jenem Moment gemessen, den weißgardistischen militärischen Organisationen ungeheure Dienste erwiesen. Das auf georgischem Territorium befindliche, von den Menschewiki in Besitz genommene Millionenvermögen der kaukasischen Armee haben sie in sehr bedeutendem Maße für die Erteilung materieller Unterstützung an die Weißen verwendet: an die Don-, Kuban- und Terek-Kosaken, an die tschetschenischen Offiziere, an die Abteilungen von Heimann und Philimonow, an die Freiwilligen-Armee Alexejew-Denikins u.a. Diese Hilfe war in jenem Moment für die bourgeois-gutsherrlichen Abteilungen im Kaukasus von umso größerer Bedeutung, als diese noch fast nichts von außen her erhielten. Da das Zusammenarbeiten des menschewistischen Georgiens mit den Gegenrevolutionären aller Schattierungen tagtäglich stattfand und nur zufällig protokolliert wurde, so wäre es schwer, heute eine zusammenhängende Geschichte dieses Zusammenarbeitens zu schreiben, umso mehr, da die wertvollsten Archive von den Menschewiki ins Ausland geschafft worden sind. Aber selbst jene vereinzelten und zufälligen Dokumente, die in den Kanzleien von Tiflis zurückgeblieben waren, genügen vollständig, um selbst im Kopfe des verknöchertsten Notars nicht einmal den Schatten eines Zweifels zurückzulassen in Bezug auf die Neutralität Georgiens. –

Die Verhandlungen und die gemeinsame militärische Arbeit mit den Organisatoren der Freiwilligen-Armee beginnen bereits im Juni 1918, wenn nicht schon am ersten Tage der Selbständigkeit Georgiens. Einige rein militärische Operationen (z. B. der Vormarsch auf das Kosakendorf Goworischtschenskaja) wurden von Georgien auf Ersuchen der Kubanregierung unternommen, die gemeinsam mit den „Freiwilligen" vorging. General Reimann, der gegen die Bolschewiki von dem Kosakendorf Dagestanskaja vorrückte, erhielt von dem uns bereits bekannten General Masniew, der in georgischem Dienste stand, 600 Gewehre, 2 Maschinengewehre und Patronen. Dem General Maslowski wurde von Georgien ein Panzerzug in Tuapse übergeben, wo dieser General, der ebenso wie Heimann in Alexejews Dienst stand, gemeinsam mit dem menschewistischen Kommando operierte. Gegetschkori hat unter anderem auch diese Tatsachen im Auge gehabt, als er Alexejew und Denikin an die Hilfe von Seiten Georgiens erinnerte.

Im Oktober 1918, d.h. bald nach der uns bekannten Beratung Gegetschkoris und Denikins, lieferte die georgische Regierung der Donregierung, die sich im Krieg gegen die Sowjettruppen befand, ein bedeutendes Quantum Intendanturvermögen[6]. Am 3. November 1918 meldete der in georgischem Dienst stehende General Masniew seiner Regierung, dass er den Kampf gegen die Bolschewiki Hand in Hand mit den Kosaken der Freiwilligen-Armee führe. „In den Stellungen ließ ich die Kosaken zurück, und das mir anvertraute Heer führte ich nach Sotschi in Ruhestellung" usw. Am 26. November traf die georgische Regierung die Bestimmung, dem Vertreter der Freiwilligenarmee, Objedow, das notwendige Quantum an Medikamenten und

---

6   Ein genaues Register dieses sehr bedeutenden Vermögens ist veröffentlicht auf Grund der Originaldokumente in dem Buch von J. Schafir „Der Bürgerkrieg in Russland und das menschewistische Georgien". Moskau 1921, Seite 39.

Verbandmitteln abzugeben und überhaupt „in dieser Angelegenheit jegliche Unterstützung zu gewähren". Diese „Angelegenheit" bestand im Bürgerkrieg gegen Sowjetrussland. Natürlich sind Verbandmittel und Arzneien sehr humane, sehr neutrale Gegenstände. Aber der Jammer liegt darin, dass die georgische Regierung diese humanen Gegenstände zuerst mit der Waffe in der Hand den „von der bolschewistischen Anarchie angesteckten" kaukasischen Truppen abgenommen und sie dann den Weißgardisten übergeben hat, die Sowjetrussland von Süden her attackierten.

Das alles zusammen nennt sich „strikteste Neutralität" – bei Kautsky, nicht aber bei Dschordania. Der letztere schrieb an den Vorsitzenden der kaiserlich deutschen Mission am 15. Oktober 1918, d.h. mitten in der Hitze der hier geschilderten Ereignisse:

> „Ich habe niemals die internationale Lage Georgiens als die eines vollständig neutralen Staates betrachtet, da *handgreifliche Tatsachen uns das Gegenteil zeigen.*"

Das ist es eben! Dieser Brief ist wiederum von Dschordania selbst abgedruckt in dem bereits zitierten Tifliser Buntbuch, das Kautsky, als er seine Broschüre schrieb, ganz zur Verfügung stand. Aber er zog es vor, sich von apostolischen Inspirationen leiten zu lassen. Es ist sehr wahrscheinlich, dass Dschordania, der nicht umhin konnte, handgreifliche Tatsachen in den „geschäftlichen" Verhandlungen mit dem General v. Kreß anzuerkennen, es während der dem Heil seiner Seele dienenden Gespräche mit Kautsky für sehr gut möglich hielt, den ehrwürdigen Greis an der Nase herumzuführen; dies umso mehr, da Kautsky nach Tiflis eine Nase mitgebracht hatte, die vollkommen hierfür geeignet war.

Georgien hat laut Vertrag seine Eisenbahnen für den Transport der türkischen Truppen nach Aserbaidschan zur Verfügung gestellt, mit deren Hilfe in Baku die Sowjetmacht gestürzt wurde, die von den von Russland fast ganz abgeschnittenen Arbeitern von Baku errichtet werden war. Die Folgen dieses Tages waren für uns ungeheuer. Aus einer Quelle der Naphthaversorgung Sowjetrusslands verwandelte sich Baku in einen Stützpunkt unserer Feinde. Man kann natürlich sagen, dass die georgische Regierung, indem sie sich von Russland lostrennte, gezwungen war, den Sultantruppen gegen das Proletariat von

Baku eine so entscheidende Unterstützung zu gewähren. Nehmen wir es an. Aber es bleibt die Tatsache bestehen, dass Dschordania und die anderen Führer Georgiens der reaktionär-bourgeoisen mohammedanischen Partei Musawat anlässlich der Eroberung Bakus durch die türkischen Truppen ihre Gratulationen darbrachten. Die Gewaltherrschaft des türkischen Militarismus schlug folglich die Richtung der inneren Impulse des Menschewismus ein, die dieser, wie wir sehen, durchaus nicht verheimlichte.

Die Revolution büßte nicht nur zeitweilig Baku ein, sondern sie verlor auch für immer einige Dutzend ihrer besten Söhne. Im September 1918, fast an denselben Tagen, da Gegetschkori mit Denikin Verhandlungen führte, wurden 26 Bolschewiki, Führer des Proletariats von Baku, mit dem Genossen Schaumjan, Mitglied des Zentralkomitees unserer Partei, und Alexej Dschaparidse an der Spitze, auf einer öden Steppenstation jenseits des Kaspischen Meeres erschossen. Hierüber können Sie, Henderson, Erkundigungen bei Ihrem Tompson, dem General des Befreiungskrieges, einziehen. Seine Agenten waren die Henker.

So hat also weder Schaumjan noch Dschaparidse das Freudenjauchzen Dschordanias anlässlich des Sturzes von Sowjetbaku erfahren. Aber sie haben auch ohne dies den brennenden Hass gegen die menschewistischen Helfershelfer der Henker mit ins Grab genommen.

Das Manuskript dieses Buches war bereits abgeschlossen, als ich das eben erschienene Buch von Wadim Tschajkin, eines Sozialrevolutionärs und Mitgliedes der Konstituante, erhielt: „Zur Geschichte der russischen Revolution, Die Hinrichtung der 26 Kommissare von Baku", Verlag Grshebin in Moskau. Dieses Buch, dessen Hauptteil aus Dokumenten besteht, von denen die wichtigsten in Faksimile wiedergegeben sind, stellt eine Erzählung davon dar, wie die englischen Militärbehörden ohne irgendwelche Andeutung eines Gerichtes den Mord der 26 Kommissare von Baku organisiert haben. Der unmittelbare praktische Organisator war das Haupt der britischen militärischen Mission in Ashabad, Reginald Teag-Jones. General Tompson wusste von dieser ganzen Angelegenheit, und Teag-Jones handelte, wie aus allen Umständen hervorgeht, mit Einverständnis des ehrwürdigen Generals. Nachdem die Ermordung der 26 wehrlosen Männer, die man unter dem Vorwande ihres Abtransportes nach Indien festgenommen hatte, auf der öden Station glücklich vollbracht war, half General Tompson einem der Hauptteilnehmer an der Ermordung, dem käuflichen Schuft Drushkin, zur Flucht. Es hat zu nichts geführt, dass Wadim Tschajkin, der durchaus kein Bolschewik, sondern ein Sozialrevolutionär und Mitglied der Konstituante ist, sich an den englischen General Malesson und den englischen General Miller gewandt hat. Im Gegenteil, diese Gentlemen erwiesen sich in der Verheimlichung des Mordes und der Mörder und in der Fabrikation von Lügennachrichten als solidarisch. Wie aus den Dokumenten des gleichen Buches hervorgeht, hat sich Gegetschkori, der Minister für auswärtige Angelegenheiten Georgiens, auf Ansuchen Tschajkins verpflichtet, den verbrecherischen Schuft Drushkin nicht aus Georgien herauszulassen. In Wirklichkeit aber hat man im Einvernehmen mit dem britischen General Tompson dem Drushkin die volle Möglichkeit gewährt, der Untersuchung und dem Gericht zu entwischen. Während die Komitees der russischen und. georgischen Sozialrevolutionäre und der russischen transkaukasischen Menschewiki, nachdem sie alle Umstände dieser Angelegenheit untersucht hatten, eine Erklärung über die verbrecherische Art des Vorgehens der englischen Militärbehörden unterschrieben haben, hat sich das Komitee der georgischen Menschewiki, das in der Kommission zusammen mit den anderen Parteien zu dem gleichen Schluss gekommen war, dennoch geweigert, dieses Dokument zu unterschreiben, um mit den englischen Behörden nicht in Streit zu geraten. Der Telegraph der menschewistischen georgischen Regierung weigerte sich, die Depeschen Wadim Tschajkins anzunehmen, die der Entlarvung der britischen Mörder gewidmet waren. Wenn von den georgischen Menschewiki nichts weiter bekannt wäre, als was die unbestreitbaren und unanzweifelbaren Dokumente in dem Buch Tschajkins berichten, so würde das vollständig genügen, um auf alle Ewigkeit hin diese Herrschaften, ihre Demokratie, ihre Verteidiger und Protektoren mit dem Stempel der Ehrlosigkeit und Schmach zu brandmarken.

Wir haben nicht die geringste Hoffnung, dass nach den direkten, genauen, unbezweifelbaren Hinweisen, die Tschajkin gegeben hat,

Mister Henderson oder Mister Macdonald oder Mister Thomas oder Mister Cleynes oder Mister Sexton oder Mister Davisson oder Mister Adamson oder Mister Hodges oder Mister Ross oder Mister Bowerman oder Mister Mister Joung oder Mister Spour sich zur Pflicht machen werden, diese Angelegenheit offen und ehrlich bis zum Ende zu untersuchen und jene Vertreter Großbritanniens zur Verantwortung heranzuziehen, die in Transkaukasien mit solchem Glanz Demokratie, Zivilisation, Recht, Religion und Moral gegen die bolschewistische Barbarei verteidigten.

Die internationale Mistress Snowden leugnet die Zusammenarbeit der georgischen Menschewiki mit den gegenrevolutionären Organisationen und Armeen und geht hierbei von zwei Umständen aus: erstens beklagen sich die Menschewiki selbst bei den englischen Sozialisten über die Entente, die sie angeblich zwinge, die Gegenrevolutionäre zu unterstützen; zweitens habe Georgien mit den Weißen Reibungen gehabt, die zeitweilig sogar den Charakter kriegerischer Konflikte annahmen.

Der englische General Wakker drohte direkt vor der Nase des Vorsitzenden der Regierung Noj Dschordania mit dem Finger, indem er ihm sagte, dass er sofort das zentrale menschewistische Organ schließen werde, wenn in ihm ein Artikel erschiene, der geeignet sei, die Entente zu beleidigen; ein englischer Oberleutnant klopfte mit dem Bajonett auf den Tisch des georgischen Staatsanwalts, indem er die sofortige Befreiung jener verhafteten Personen verlangte, auf die er, Oberleutnant von Gottes Gnaden, mit dem Finger gewiesen hatte. Überhaupt haben die englischen Militärbehörden, nach den Dokumenten zu urteilen, sich in Georgien noch unverschämter benommen als die deutschen. Natürlich erinnerte in solchen Fällen Dschordania ehrerbietig an die georgische Fast-Unabhängigkeit und beklagte sich bei Macdonald über die Verletzung der georgischen Fast-Neutralität. Das verlangte schon die einfache Vorsicht. Als Denikin Georgien den Bezirk Suchum fortnahm, beklagten sich die Menschewiki bei Wakker über Denikin, bei Henderson über Wakker; bei beiden Instanzen mit dem gleichen Erfolg.

Wenn diese Klagen und Zusammenstöße nicht stattgefunden hätten, so würde dies einfach bedeuten, dass sich die Menschewiki in keiner Weise von Denikin unterscheiden. Das ist aber ebenso unrichtig, als ob man sagen wollte, dass Henderson sich in nichts von Churchill unterscheide. Der Pendelausschlag des kleinbürgerlichen Schwankens ist in der revolutionären Epoche ein sehr großer: von der Unterstützung des Proletariats bis zum formalen Bündnis mit der gutsherrlichen Gegenrevolution. Je weniger selbstständig die kleinbourgeoisen Politiker sind, desto mehr Aufhebens machen sie von ihrer vollen Unabhängigkeit, von ihrer absoluten Neutralität. Unter diesem Gesichtswinkel ist es nicht schwer, die ganze Geschichte der Menschewiki, der rechten Sozialrevolutionäre, der linken Sozialrevolutionäre, im Maßstab der ganzen Revolution zu verfolgen. Sie pflegen niemals neutral zu sein. Sie pflegen niemals selbständig zu sein. Ihre „Neutralität" ist stets nur ein kritischer toter Punkt in der Bewegung von rechts nach links oder von links nach rechts. Indem die kleinbourgeoisen Parteien die Bolschewiki unterstützen (linke Sozialrevolutionäre, Anarchisten), oder indem sie die Zarengenerale unterstützen (rechte Sozialrevolutionäre, Menschewiki) bekommen sie nicht selten im entscheidenden Augenblick des nahen Sieges ihres Verbündeten Angst oder, noch öfter, verlassen ihn im Augenblick der Gefahr. Doch muss man sagen, dass, während die kleinbourgeoisen Parteien in einer revolutionären Epoche gewöhnlich alle Nachteile einer Niederlage teilen, die Vorzüge eines Sieges selten auf ihr Los entfallen. Nachdem die monarchistische Gegenrevolution sich mit Hilfe der „Demokratie" befestigt hatte – im Osten in der Person Koltschaks, im Norden und Westen in der Person Judenitschs, Millers und der englischen Generale, im Süden in der Person Denikins – erniedrigte und prügelte sie erbarmungslos ihre Helfersheiter, die Demokraten.

Letzten Endes hat auch die europäische Sozialdemokratie in dieser Hinsicht eine gewisse Erfahrung in Gestalt von blauen Flecken und blauen Augen, allerdings nicht aus der Epoche der Revolution, sondern aus der Epoche des Krieges. Die Sozialpatrioten, die ihrer Bourgeoisie in den für diese schwierigsten Kriegsmonaten geholfen haben, rechneten, wenn auch nicht auf eine Beteiligung des Proletariats an den Früchten des Sieges, so doch überhaupt mit einer Vergrößerung der Rolle des Sozialismus und ihrer eigenen Rolle in den Schicksalen des Staates nach dem Kriege. Sie haben sich getäuscht. Die betrogenen Henderson, Sembat und andere überführten auch ihre Bourgeoisie, drohten ihr und beklagten sich über sie bei der Internationale. Das bedeutet aber nicht, dass sie ihr nicht gedient hätten. Sie dienten ihr, aber mit Prätensionen. Sie dienten ihr, wurden aber betrogen. Sie dienten, aber beklagten sich. Niemand sagt von ihnen, dass sie einfach bezahlte Lakaien seien. Nein, sie sind klein-bourgeoise Opportunisten, d.h. politische, ambitiöse, wortreiche, stets schwankende, stets unzuverlässige Lakaien, aber Lakaien bis auf das Mark der Knochen.

Indem Kautsky, wie gesagt, die Methoden der französischen Akademiker sich zu eigen gemacht hat, die die aufgeklärte Politik des Fürstentums Monaco oder der Dynastie Karadjordje besingen, fragt er nicht nach Erklärungen, fragt nicht nach den Ursachen, wundert sich nicht über die Widersprüche und fürchtet sich nicht vor Ungereimtheiten. Wenn sich Georgien von dem revolutionären Russland losgerissen hat, so sind die Bolschewiki daran schuld. Wenn Georgien die deutschen Truppen gerufen hat, so ist der Grund hierfür der, dass sie besser sind als die türkischen. Die Hohenzollerntruppen sind nach Georgien gekommen „nicht als Plünderer – lispelt und wispert Kautsky –, sondern als Organisatoren seiner Produktivkräfte ..." Aber auch zusammen mit den Hohenzollerntruppen, die „in den Straßen von Tiflis freudig begrüßt werden" – von wem? von wem? von wem? –, büßt Georgien nichts von seinen demokratischen Tugenden ein. Tompson und Wakker haben ihm nur zum Nutzen gereicht. Und nachdem erst an jedem der Attribute seiner Jungfräulichkeit zuerst ein von ihm selbst aufgeforderter deutscher Leutnant und dann ein englischer sich zu schaffen gemacht hat, kann niemand mehr daran zweifeln, dass im Augenblick des Eintreffens der Delegation der Zweiten Internationale die demokratischen Tugenden Georgiens ihre volle Blüte erreicht haben. Hieraus ergibt sich der prophetische Schluss Kautskys: Russland wird der Geist des Menschewismus retten, dessen Verkörperung das menschewistische Georgien ist. (S.72.) (Wörtlich: „Russland kann nur noch gedeihen, wenn es von dem Geiste erobert wird, der Georgien beseelt.")

Es naht der Augenblick, da das Wort dem „Geist des Menschewismus" selbst erteilt werden muss. Ende 1918 (am 27. Dezember) fand in Moskau eine Parteikonferenz der RSDRP. (Menschewiki) statt. Auf dieser Konferenz wurde die Politik jener Teile der Partei einer Besprechung unterzogen, die in den Bestand weißgardistischer Regierungen eingetreten oder mit dem ausländischen Imperialismus in ein offenes Bündnis eingetreten sind; im Einzelnen und im Besonderen war hierbei von den georgischen Menschewiki die Rede. In dem offiziellen Bericht des menschewistischen Zentralkomitees über die Konferenz heißt es:

> „In ihrer Mitte kann und w i l l die Partei n i c h t Bundesgenossen der gegenrevolutionären Bourgeoisie und des englisch-amerikanischen Imperialismus d u l d e n , so verständlich die Motive auch sein mögen, die viele von ihnen auf den Weg eines solchen Bündnisses gestoßen haben."

In der Resolution der Konferenz heißt es direkt:

> "Die Konferenz konstatiert, daß die Politik der georgischen Sozialdemokratie, die den Versuch gemacht hat, die demokratische Ordnung und die Selbstverwaltung Georgiens um den Preis einer Orientierung auf ausländische Hilfe und Lostrennung von Rußland zu retten, diese *in Widerspruch zu den Aufgaben gestellt hat, die die Partei als Ganzes verfolgt."*

Diese lehrreiche Episode gibt einen Begriff nicht nur von dem Scharfblick Kautskys in der Bewertung der Ereignisse der Revolution, sondern auch von seiner Gewissenhaftigkeit in ihrer faktischen Darlegung. Ohne sich sogar bei seinen Freunden, den Menschewiki, zu erkundigen, und ohne die notwendigsten Vorsichtsmaßnahmen zu treffen, stellt Kautsky die Außenpolitik der Dschordania-Zeretelli, als eine wahrhaft menschewistische und darum für die internationale Sozialdemokratie vorbildliche hin. Indessen lautet die offizielle Bewertung der „wahrhaft menschewistischen" Partei aus dem Munde der Martow-Dan, dass die Außenpolitik der Dschordania-Zeretelli auf die Partei einen „desorganisierenden Einfluss" ausübt, indem sie „ihr Prestige in den Augen der proletarischen Massen zu untergraben droht". (Siehe die angegebene Ausgabe des menschewistischen ZK., S.6). Während Kautsky das Siegel des marxistischen Segens auf die georgische Politik der „striktesten Neutralität" aufdrückt, gelangen die Martow-Dan hinsichtlich dieser Politik bis zu einer außerordentlichen Drohung. Sie schreiben:

> „Die Partei kann nicht, ohne zum Gegenstand allgemeinen Gespötts zu werden, derartige politische Aktionen einzelner ihrer Teile zulassen, die, in offenem oder verkapptem Bündnis mit ihren Klassenfeinden, gegen den Kern ihrer revolutionären Politik gerichtet sind." (Siehe ebenda, S.6.)

Hier könnte man einen Punkt setzen. Der Gelehrtenschlafrock Kautskys ist fest genug zwischen den zwei menschewistischen Türhälften eingeklemmt: wie es scheint, kann er sich nicht losmachen. Vielleicht wird aber Kautsky sich jetzt mit einiger Verspätung an Martow um Hilfe wenden? Das ist möglich. Und es besteht kein Zweifel, dass er diese Hilfe erhalten wird. Wir selbst können zur Milderung des Schlages, der Kautsky durch die Hände der Menschewiki versetzt worden ist, einige aufklärende Worte sagen. Der Augenblick war damals ein sehr revolutionärer. Die Bolschewiki schlugen Koltschak. In Deutschland und Österreich-Ungarn war die Revolution aufgeflammt. Die Führer der Menschewiki mussten den allzu sehr kompromittierenden Ballast über Bord werfen, um nicht selbst endgültig zu ertrinken. In den Arbeiterversammlungen Moskaus und Petrograds verleugneten sie mit Empörung die Solidarität mit der verräterischen Politik des damaligen Georgiens. Sie drohten, Dschordania u.a. auszuschließen, wenn man nicht aufhören würde, die Partei in einen „Gegenstand des Gespöttes" zu verwandeln. Der Moment war ein sehr unruhiger; selbst Hilferding wollte die Sowjets in die Verfassung einführen. Das beweist aber, dass es bis zum Äußersten gekommen war.

Man drohte, sie auszuschließen, hat sie aber doch nicht ausgeschlossen? O, natürlich hat man sie nicht ausgeschlossen. Man hat auch gar nicht daran gedacht, sie auszuschließen. Sie wären keine Menschewiki, wenn bei ihnen Wort und Tat nicht auseinandergingen. Der ganze internationale Menschewismus ist nichts anderes als eine leere Drohung, die niemals verwirklicht wird, ein symbolisches Zum-Schlag-ausholen, auf das kein Schlag erfolgt.

Dies ändert aber nichts an der Tatsache, dass Kautsky in der allerwichtigsten Frage, der Politik der georgischen Menschewiki, seine

Leser schmählich betrügt. Sein Betrug ist durch die Menschewiki selbst entlarvt worden. Er kann nicht mehr loskommen: der Schlafrock ist fest eingeklemmt.

Und Macdonald? O, Macdonald ist ein ehrenwerter Mann. Aber auch er hat seinen Mangel: er versteht nichts von den Fragen des Sozialismus. Durchaus nichts!

III.

Das Regime im Innern

In der Außenpolitik – strikteste Neutralität, in der Innenpolitik aber selbstverständlich vollste Freiheit. Wie sollte es auch anders sein? „Das Verhältnis zwischen Proletariern und Bauern war in Georgien bisher das denkbar beste", erzählt Kautsky (S.54). Vom Rhein bis zum Stillen Ozean wüten blutige Aufstände, – „Georgien ist das einzige Land neben Deutsch-Österreich, das von solchen Gewaltsamkeiten verschont blieb" (ebenda). Die Kommunisten? Sie konnten „bei vollster Freiheit legaler Betätigung" keinerlei Einfluss gewinnen (S.65). Die Sozialdemokraten erhielten bei allen Wahlen erdrückende Stimmenmehrheit. In der Tat, ein einzigartiges Land – vom Stillen Ozean bis zum Rhein! Ja, selbst jenseits des Rheins wird sich wohl kaum ein gleiches finden lassen, wenn man das Fürstentum Monaco, wie es die hochbetagten pensionierten französischen Akademiker darstellen, nicht mitrechnet.

Vor einem solchen politischen Geschmiere bleibt man im ersten Augenblick ebenso gelähmt stehen, wie vor einem frechen Öldruck, auf dem jede Farbe einzeln lügt und alle zusammen für das Auge noch beleidigender sind.

Alles, was wir über die Entstehung des selbständigen Georgiens und über seine Außenpolitik wissen, widerlegt schon a priori jenes Bild allgemeiner Versöhnung, das Kautsky aus dem Fenster des Eisenbahnwagens zwischen Batum und Tiflis beobachtete. Der Zusammenhang zwischen der Außenpolitik und der Innenpolitik musste in Georgien umso stärker zutage treten, als Georgien auf dem Wege der Knospung in zwei Stadien entstand, so dass heute jene Fragen für das Land zu äußeren wurden, die gestern noch innere waren. Außerdem forderten die Menschewiki unter der Flagge der Lösung ihrer äußeren Aufgaben eine fremdländische Kriegsmacht auf, in das Innere des Landes zu kommen, zuerst die Deutschen, dann die Engländer, wobei man wiederum schon a priori sagen kann, dass General v. Kreß und General Wakker nicht die letzte Rolle im inneren Leben des Landes spielten.

Da nach Kautsky, dessen Banalität zeitweilig paradox wird, die Hohenzollerngeneräle in Georgien die hohe Funktion „von Organisatoren seiner Produktivkräfte" ausübten (S.57), ohne ein Attentat auf das Uhrwerk der Demokratie auszuüben, so ist es nicht überflüssig, hier den gestrengen Verweis zu erwähnen, den General v. Kreß erteilte anlässlich der Verhaftung einer Gruppe von Adeligen der Schwarzen Hundert, die die Bildung von Pogrombanden vorbereitet hatten. „Die Regierung kann nicht – belehrte v. Kreß den Minister Ramischwili – die Politik einer Partei oder Gruppe von Bürgern nur deshalb als unzuverlässig betrachten, weil sie gegen das bestehende Regime gerichtet ist. Solange diese Politik nicht gegen das Bestehen des Staates selbst gerichtet sein wird, kann man sie nicht als Staatsverrat betrachten". In der Antwort auf diese klassischen Belehrungen berichtete Ramischwili unter anderem:

> „Ich schlug den Politikern dieses Verbandes (der Gutsbesitzer) vor, ein Projekt für die Verbesserung der Lage der ehemaligen Adeligen einzureichen, was auch ausgeführt wird."

Wer hier der bessere ist, ob der Organisator der Produktivkräfte, Kreß, oder der Demokrat Ramischwili, das ist nicht leicht zu entscheiden. Dass die englischen Offiziere sich noch frecher in das innere Leben einmischten als die deutschen, das erwähnten wir bereits. Doch wenn man die soldatische Grobheit und übermäßige Offenheit nicht mitrechnet, so verlief die Einmischung der einen wie der anderen im Allgemeinen auf der gleichen Linie des sozialen und politischen Konservatismus, die die Linie der Menschewiki selbst von Anfang der Revolution an war.

Die Hauptlehre, die Zeretelli aus der Erfahrung der russischen Revolution zog, ist die, dass „die Schüchternheit und Unsicherheit der Demokratie im Kampfe gegen die Anarchie" die Demokratie, die Revolution und das Land zugrunde gerichtet haben, und, als Hauptinspirator der Regierungspolitik, verlangte er vom transkaukasischen Sejm, „es der Regierung zur Pflicht zu machen, mit den strengsten

Maßnahmen die Erscheinungen der Anarchie zu bekämpfen ..." (18. März 1918). Noch früher, am 15. Februar erklärte Dschordania in der Sitzung des Sejm:

> „Bei uns im Lande nimmt die Anarchie immer mehr und mehr zu ... Unter der Arbeiterklasse ist die Stimmung eine bolschewistische, sogar die menschewistischen Arbeiter sind vom Bolschewismus infiziert."

Die ersten nationalen georgischen Regimenter sind von der gleichen Gesinnung durchdrungen. Die demobilisierten Soldaten tragen die revolutionäre Infektion in die Dörfer. Dschordania sagt:

> „Das, was gegenwärtig bei uns in. den Dörfern vergeht, ist nichts Neues; das gleiche fand statt in allen (!) Revolutionen, überall (!) traten die Bauemmassen gegen die Demokratie auf. Es ist Zeit, daß wir mit der Herrschaft der volkstümlerischen Bauernillusionen der Sozialdemokratischen Partei ein Ende machen. Es ist Zeit, zu Marx zurückzukehren und fest auf der Wacht der Revolution gegen die bäuerliche Reaktion zu stehen."

Die Berufung auf Marx ist ein Stumpfsinn, der verkompliziert ist durch Charlatanerie. In der menschewistischen Periode, von der die Rede ist, erhob sich die transkaukasische Bauernschaft nicht gegen die demokratische Revolution, sondern gegen ihre Langsamkeit, Unentschiedenheit, Ängstlichkeit, besonders in der Agrarfrage. Erst nach dem tatsächlichen Sieg der agrarisch-demokratischen Revolution ist der Boden für gegenrevolutionäre Bauernbewegungen geeignet: gegen die materiellen Forderungen der Stadt, gegen die sozialistischen Tendendenzen der Wirtschaftspolitik und schließlich gegen die Diktatur der Partei der Arbeiterklasse. Wenn in der ersten Epoche der Revolution die treibende Kraft der agrarischen Aufstände die untersten Schichten des Dorfes, seine am meisten unterdrückten und am wenigsten besitzenden Schichten sind, so geht die führende Rolle in den Bauernaufständen der zweiten Epoche an die obere Schicht des Dorfes über, an seine wohlhabendsten, festen, wucherischen Elemente. Es besteht aber keine Notwendigkeit, sich dabei aufzuhalten, dass die georgischen Menschewiki ebenso wie die nichtgeorgischen das revolutionäre ABC des Marxismus nicht verstehen. Für uns genügt die Anerkennung jener Tatsache, dass die Bauernmassen, die die erdrückende Mehrzahl der Bevölkerung darstellen, nach bolschewistischer Art gegen die menschewistische „Demokratie" vorgingen. Getreu dem vom Sejm vorgelegten Programm führte die georgische Regierung, die sich auf die kleinbürgerliche Demokratie der Städte und auf die Spitzen der überhaupt zahlenmäßig äußerst geringen Arbeiterklasse stützte, einen erbarmungslosen Kampf gegen die vom Bolschewismus infizierten werktätigen Massen.

Die ganze Geschichte des menschewistischen Georgiens ist eine Geschichte von Bauernaufständen. Sie finden buchstäblich in allen Teilen des kleinen Landes statt und zeichnen sich nicht selten durch außerordentliche Hartnäckigkeit aus. In einigen Kreisen hält sich die Sowjetmacht monatelang. Die Aufstände werden durch Strafexpeditionen liquidiert und durch Feldkriegsgerichte, die aus Offizieren und kleinen landbesitzenden Fürsten zusammengesetzt sind, zum Abschluss gebracht.

Wie die georgische Regierung mit den revolutionären Bauern abrechnete, das lässt sich am besten mit den Worten des Berichtes der abchasischen Menschewiki anlässlich der Tätigkeit der Abteilung Masniews in Abchasien wiedergeben. Der an die georgische Regierung adressierte Bericht lautet:

> „Diese Abteilung hat durch ihre Grausamkeit und Unmenschlichkeit die Tätigkeit des Zarengenerals Alichanow, traurigen Angedenkens, übertroffen. So brachen z.B. die Kosaken dieser Abteilung in die friedlichen abchasischen Dörfer ein, indem sie alles irgendwie Wertvolle an sich rissen und die Frauen vergewaltigten. Ein anderer Teil dieser Abteilung war unter der unmittelbaren Aufsicht von Herrn Tuchareli mit der Zerstörung der Häuser jener Personen durch Bomben beschäftigt, die von irgendjemand denunziert wurden. Ähnliche Gewalttätigkeiten wurden im Kreis Gudautsk vollbracht. Oberleutnant Kupunija, Chef der georgischen Abteilung und ehemaliger Polizeichef der Stadt Poti, verprügelte eine ganze Gemeindeversammlung in der Siedlung Azy, indem er alle zwang, sich unter Maschinengewehrfeuer zu legen, darauf über ihre Rücken hinwegschritt, indem er Schläge mit der flachen Säbelklinge austeilte; darauf befahl er der Versammlung, zusammenzutreten und galoppierte in voller Karriere mitten in die Menge hinein, Peitschenhiebe austeilend. Die sich mit einem Protest gegen derartige Rohheit und Gewalttätigkeit an ihn wendenden Mitglieder des ehemaligen Abchasischen Volkssowjets, Abuchwa und Dsukuja, wurden verhaftet und in einen Schuppen gesperrt … Der Gehilfe des

Kommissars des Kreises Gudautsk, Oberleutnant Grigoriadi, wendete die Prügelstrafe in den Gemeindeversammlungen an und setzte nach eigenem Ermessen aus der Zahl der ehemaligen Regierungsältesten unter dem Zarenregime dem Volke verhaßte Dorfkommissare ein."

Ist es da nicht klar, dass das Verhältnis zwischen Menschewiki und Bauern, wie wir von Kautsky wissen, stets „das denkbar beste war …"? Eine der Folgen der Besänftigung des abchasischen Aufstandes war ein fast allgemeiner Austritt der abchasischen Menschewiki aus der sozialdemokratischen Fraktion (Tarnowa, Basba, Tschukbar, Kobachia, Zwishba, Barzyz und Dsukuja).

In dem aufständischen Ossetien ging Dschugeli nicht besser vor. Da wir uns aus pädagogischen Erwägungen die Aufgabe gestellt haben, die Politik der georgischen Menschewiki nach Möglichkeit durch ihre eigenen Erklärungen und Dokumente zu charakterisieren, so müssen wir hier, unseren literarischen Widerwillen überwindend, Auszüge aus dem Buche des uns bereits bekannten, angesehenen und „ritterlichen" Menschewik Waliko Dschugeli, des ehemaligen Führers der Volksgarde, anführen. Unsere Zitate sind der Teilnahme Dschugelis selbst bei der Beilegung des Bauernaufstandes in Ossetien gewidmet.

„Der Feind flieht überall in Unordnung, fast ohne Widerstand zu leisten. Diese Verräter müssen grausam bestraft werden."

Am gleichen Tage macht er im Tagebuche (das Buch hat den Charakter eines Tagebuches) folgende Eintragung:

„Es ist jetzt Nacht. Überall sieht man Feuer leuchten. Das sind die brennenden Häuser der Aufständischen. Ich bin es aber bereits gewohnt und. blicke fast mit Ruhe darauf."

In der Eintragung des nächsten Tages lesen wir:

„Überall rings um uns brennen die ossetinischen Dörfer … Im Interesse der kämpfenden Arbeiterklasse, im Interesse des herannahenden Sozialismus werden wir grausam sein. Ja, wir werden es sein. Ich sehe mit ruhiger Seele und reinem Gewissen auf die Brandstätte und die Rauchwolken … Ich bin vollständig ruhig, ja, ich bin ruhig."

Am Morgen des nächsten Tages macht Dschugeli den Eintrag:

„Es brennen die Feuer … Die Häuser brennen … Mit Feuer und Schwert …"

Am gleichen Tage, nach einigen Stunden, eine neue Eintragung:

„Und die Feuer brennen, brennen …"

Am Abend des gleichen Tages macht er von neuem eine Eintragung:

„Jetzt sind überall Feuer … Sie brennen und brennen. Unheilvolle Feuer … Es ist eine Art von schrecklicher, grausamer, feenhafter Schönheit … Und ein alter Kamerad sagte traurig zu mir, indem er auf diese nächtlichen leuchtenden Feuer blickte: Ich beginne Nero und den großen Brand von Rom zu verstehen.

Und die Feuer brennen, brennen überall."

Aus diesen widerlichen Grimassen können wir auf jeden Fall unsere Überzeugung stärken, dass das Verhältnis zwischen den georgischen Menschewiki und den Bauern unveränderlich „das denkbar beste" blieb.

Nach der Evakuierung von Adshasien (Gebiet Batum) durch die Engländer im Jahre 1920 musste die georgische Regierung das Land mit Hilfe von Artillerie einnehmen. Kurz, für Nero-Grimassen boten sich für Dschugeli an allen Enden Georgiens ununterbrochen Anlässe.[7] Gleich nach Dschordania hat Ramischwili, der Minister des Innern – derselbe, der sich mit der Frage der Verbesserung der Lage der ehemaligen Adeligen beschäftigte – sich auf Marx berufen, um den weißen Terror zu begründen, der gegen die aufständische Bauernschaft gerichtet war.

Doch kann man mit Sicherheit behaupten, dass trotz des weißen Terrors, der durch die Stilblüten der Rhetorik ergänzt ist, die menschewistische Diktatur spurlos von der Flut der revolutionären Bewegung hinweggespült worden wäre, wenn im Lande nicht fremdländische Truppen gestanden hätten. Nicht der Deutsche Marx, sondern der Deutsche v. Kreß hat den Menschewiki in jener Periode ermöglicht, sich zu halten.

Besonders unsinnig klingt die Behauptung Kautskys hinsichtlich der „vollsten Freiheit der Betätigung" der Georgischen Kommunisti-

---

7   Wir wollen hier nicht die Bauernaufstände in Georgien aufzählen. Ein kurzer Bericht über die Bewegung ist in dem Artikel des Genossen M. Zohakaja, „Kommunistische Internationale" Nr.18, S.174 ff., gegeben.

schen Partei. *Einige* Freiheit würde genügen. Aber wir wissen ja schon: wenn Neutralität, so strikteste, wenn Freiheit, so vollste; nicht einfach ein gutes Verhältnis, sondern „das denkbar beste Verhältnis".

Verblüffend ist vor allem der Umstand, dass weder Kautsky, noch Vandervelde, weder Mistress Snowden selbst, noch die ausländischen Diplomaten, weder die Journalisten der bürgerlichen Presse, noch die „Times", der treue Wächter der Freiheit, auch nicht der ehrliche „Temps", kurz, keiner von allen jenen, die in Georgien die Demokratie segneten, in diesem eine Sache nicht gemerkt haben – die Besondere Abteilung. Aber sie hat existiert. Die Besondere Abteilung ist, mit Verlaub, die menschewistische Tscheka. Die Besondere Abteilung griff auf, verhaftete, erschoss alle jene, die gegen die menschewistische Demokratie auftraten. Die Besondere Abteilung unterschied sich in Bezug auf die Methoden des Terrorismus in keiner Weise von der Außerordentlichen Kommission Sowjetrusslands – durch nichts, außer durch die Aufgabe, der sie diente. Die Außerordentliche Kommission bewachte die sozialistische Diktatur gegen die Agenten des Kapitals, die Besondere Abteilung schätzte das bürgerliche Regime gegen die bolschewistische „Anarchie". Gerade deshalb aber hat das respektable Publikum, das die Tscheka verwünschte, die georgische Besondere Abteilung gar nicht bemerkt! Dafür konnten aber die georgischen Bolschewiki durchaus nicht umhin, sie zu bemerken, denn sie existierte ja hauptsächlich für sie. Soll man einen Martyrolog des georgischen Kommunismus anführen? Verhaftungen, Ausweisungen, Auslieferung an die Weißen, Hungern im Gefängnis, Erschießungen ... besteht eine Notwendigkeit? Genügt es nicht, sich des ehrenwerten Berichtes Gegetschkoris an Denikin zu erinnern:

> „In der Frage des Verhaltens zu den Bolschewiki kann ich erklären, daß der Kampf gegen den Bolschewismus innerhalb unserer Grenzen ein *erbarmungsloser* ist. Wir *unterdrücken* mit allen uns zur Verfügung stehenden Mitteln den Bolschewismus ... und in dieser Hinsicht haben wir bereits eine Reihe von Beweisen geliefert, die für sich selbst sprechen."

Dieses Zitat sollte man Kautsky auf die Kappe schreiben, wenn diese bei ihm nicht schon ohnehin mit wenig schmeichelhaften Aufschriften in allen Richtungen bekritzelt wäre. Wo Gegetschkori sagt: Wir unterdrücken mit allen Mitteln, erwürgen erbarmungslos, dort erläutert Kautsky: Vollste Freiheit. Wäre es nicht Zeit, über Kautsky eine sanfte, wahrhaft demokratische Vormundschaft einzusetzen?

Schon am 8. Februar 1918 wurden in Georgien alle bolschewistischen Zeitungen verboten. In dieser Periode erschien die menschewistische Presse in Sowjetrussland noch vollständig legal. Am 10. Februar, am Tage der Eröffnung des transkaukasischen Sejm, wurde im Alexandergarten in Tiflis eine friedliche Versammlung durch Gewehrfeuer gesprengt. Am 15. Februar wetterte Dschordania im Sejm über die bolschewistische Gesinnung der Volksmassen und sogar der menschewistischen Arbeiter. Zeretelli endlich, der gemeinsam mit Kerenski unsere Partei des Staatsverrates beschuldigt hatte, bereute im März im Sejm die übermäßige „Schüchternheit und Unsicherheit" der Kerenski-Regierung in der Verfolgung der Bolschewiki. Die deutschen Truppen waren nach Georgien geholt worden – ebenso wie nach Finnland, in das Baltikum, in die Ukraine – hauptsächlich gegen die Bolschewiki. Auf die Frage des amerikanischen Vertreters nach den Bolschewiki antwortete der diplomatische Vertreter Georgiens, Topuridse:

> „Wir sind mit ihnen fertig geworden und haben sie unterdrückt. Die Beweise liegen auf der Hand: auf dem ehemaligen Territorium Russlands gibt es nur in Georgien keinen Bolschewismus."

Hinsichtlich der Zukunft geht Topuridse eine nicht weniger feste Verpflichtung ein:

> „Mit allen Kräften und Mitteln wird unsere Republik die alliierten Mächte in ihrem Kampfe gegen die Bolschewiki unterstützen."

Der General Forestier Wakker, Kommandierender der britischen Truppen West-Transkaukasiens, erklärte am 4. Januar 1919 Herrn Dschordania mündlich und schriftlich, dass der Feind der Entente im Kaukasus „der Bolschewismus ist, den die Großmächte zu vernichten beschlossen haben, wo und wann er sich zeigen möge". Anlässlich der von Wakker erhaltenen Instruktion erklärte Dschordania nach zwei Wochen dem englischen General Miller:

> „General Wakker ... war die erste Person, die die Sachlage in unserem Lande begriffen hat."

Der General Miller selbst resümierte seine Übereinkunft mit Dschordania in folgender Weise: „Wir haben gemeinsame Feinde – das sind die Deutschen und die Bolschewiki." Das alles zusammengenommen schuf die günstigsten Bedingungen für die „vollste Freiheit der Betätigung" der Bolschewiki.

Am 18. Februar 1919 erteilt Wakker unter Nr. 99/6 der georgischen Regierung den Befehl:

> „Alle Bolschewiki, die nach Georgien kommen, dürfen nur in dem Mzchet (Tifliser Gefängnis) eingeschlossen und müssen streng bewacht werden."

Es handelt sich um die Bolschewiki, die vor Denikin Rettung suchten. Aber schon am 26. Februar schreibt Wakker unter Nr. 99/9:

> „In Anbetracht des Gespräches, das ich mit Sr. Exzellenz' Herrn Dschordania, am 20. d. M. gehabt habe, bin ich zu dem Schluß gekommen, daß man künftig das Eindringen der Bolschewiki auch Georgien über die Grusinische Heerstraße verhindern muß."

Die Einschließung der bolschewistischen Flüchtlinge in dem Mzchet rettete ihnen wenigstens für einige Zeit das Leben. Wakker „kam zu dem Schluß", dass es besser ist, ihnen überhaupt den einzigen Rettungsweg abzuschneiden, indem man sie auf diese Weise in die Hände der Denikinschen Henker auslieferte. In einer von der Nachweisung der durch die Sowjetregierung begangenen Grausamkeiten und von frommen Kirchenübungen freien Minute sollte Arthur Henderson über diese Frage seine Meinung mit Forestier Wakker austauschen.

Die Angelegenheit beschränkte sich nicht auf Verhandlungen und Briefwechsel der Exzellenzen. Schon am 8. April wurden 42 Personen, unter denen sich auch die Sowjetkommissare der Terekrepublik, ihre Frauen und Kinder, Rotarmisten und andere Flüchtlinge befanden, von dem georgischen Posten bei der Festung Darial angehalten, und nach Schikanen, Vergewaltigungen und Schlägen unter der Leitung des Oberst Zeretelli jagte man sie wieder in das Territorium Denikins. Dschordania versuchte diese ganze harmlose Episode durch die persönliche Initiative des Oberst Zeretelli zu erklären. Der letztere erfüllte indessen nur das Geheimabkommen zwischen Dschordania und Wakker. Zwar ist in dem Dokument Nr. 99/9 nichts von Kolbenschlägen und Stockschlägen auf Brust und Kopf gesagt. Wie anders aber soll man die vor Müdigkeit und Angst wahnsinnigen Menschen vertreiben, die Rettung vor dem sicheren Untergang suchen? Der

Oberst Zeretelli hat, wie man annehmen muss, sich nach den Worten seines berühmteren Namensvetters fest eingeprägt, dass „Schüchternheit und Unsicherheit der Demokratie" im Kampf gegen den Bolschewismus geeignet sind, den Staat und die Nation zugrundezurichten.

Die georgische Republik hatte als Grundlage also von Anfang an den Schwur des Kampfes gegen den Kommunismus. Die Parteiführer und Regierungsmitglieder machten sich die „erbarmungslose Unterdrückung" der Bolschewiki zur Programmaufgabe. Dieser Aufgabe waren die wichtigsten Staatsorgane untergeordnet: die Besondere Abteilung, die Volksgarde und die Miliz. Die deutschen und dann die englischen Offiziere – die wirklichen Herrscher Georgiens in dieser Periode – billigten vollständig diesen Teil des sozialdemokratischen Programms, Die kommunistischen Zeitungen wurden verboten, Versammlungen gesprengt und geschlossen, die von den Bolschewiki geführten revolutionären Dörfer verbrannt. Die Besondere Abteilung erschoss die Führer, der Mzchet wurde mit Kommunisten angefüllt, die flüchtigen Bolschewiki wurden Denikin ausgeliefert. Allein im Oktober 1919 wurden in Georgien, laut Erklärung seines Innenministers, über 30 Kommunisten erschossen. In allem übrigen genoss die Kommunistische Partei Georgiens, wie wir von dem glückseligen Kautsky wissen, „vollste Freiheit der Betätigung".

Richtig ist, dass gerade während des Aufenthalts Kautskys in Tiflis die georgischen Kommunisten ihre legalen Organe hatten und. eine gewisse – durchaus nicht die „vollste" – Freiheit der Betätigung genossen. Es muss jedoch gleich hier hinzugefügt werden, dass dieses Interim nach der durch uns erfolgten Beseitigung Denikins durch die Macht des Sowjetultimatums errichtet worden war, das zum Friedensvertrag zwischen Sowjetrussland und Georgien vom 7. Mai 1920 führte. – Von Februar 1918 bis Juni 1920 hat die Georgische Kommunistische Partei das Kellerloch nicht verlassen ...

Folglich haben sich die Sowjets 1920 in die inneren Angelegenheiten der „Demokratie" eingemischt, zudem in die einer „neutralen"?! O weh! O weh! Man kann es nicht leugnen. General v. Kreß verlangte, dass den georgischen Adeligen die Freiheit gegenrevolutionärer Betätigung gewährt werde. General Wakker verlangte, dass man die Kommunisten in den Mzchet setze oder sie mit Gewehrkolben der Gewalt Denikins ausliefere. Wir dagegen verlangten, indem wir Denikin schlugen und uns den Grenzen Georgiens näherten, dass den Kommunisten Betätigungsfreiheit gewährt werde, soweit sie nicht auf bewaffneten Aufstand gerichtet sei. Die Welt ist überhaupt sehr unvollkommen, Herr Henderson! Die menschewistische Regierung sah sich gezwungen, sich auf unsere Forderung einzulassen und hat nach ihrer eigenen offiziellen Erklärung auf einen Schlag aus den Gefängnissen annähernd 900 Bolschewisten entlassen.[8] Schließlich ist das nicht gar zu viel. Doch muss man immerhin die Statistik der Bevölkerung in Betracht ziehen. Wenn man im Hinblick auf die Gerechtigkeit – unsere Herzen sind auch nicht taub für Gerechtigkeit, o Mistress Snowden! – die georgische Proportion (900 Verhaftete auf 2,5 Millionen Bevölkerung) auf die Sowjetföderation anwendet, so wird sich herausstellen, dass wir berechtigt sind, in die Gefängnisse der Sowjetrepubliken annähernd 45 000 Menschewiki einzusperren. Ich nehme an, dass wir in den akutesten und für die Revolution schwersten Perioden, die stets eine Zuspitzung uns feindlichen Arbeit der Menschewiki hervorriefen, niemals auch nur ein Zehntel dieser sehr imposanten Zahl erreichten. Da sich aber innerhalb der Sowjetgrenzen überhaupt keine 45 000 Menschewiki zusammenfinden werden, so können wir die Garantie geben, dass unsere Praxis niemals jene Repressivnorm übersteigen wird, die von der Demokratie Dschordania-Zeretelli festgesetzt und von den Leuchten der Zweiten Internationale gebilligt worden ist.

Wir haben also im Mai – auf dem Wege des Bürgerkrieges – der georgischen Regierung die Legalisierung der Kommunistischen Partei abgezwungen. Die Erschossenen wurden nicht wieder zum Leben erweckt, aber die Verhafteten wurden befreit. Wenn die Demokratie ein wenig demokratischer wurde, so geschah dies, wie wir sehen, nur unter der Faust der proletarischen Diktatur. Die revolutionäre Faust als Waffe des Demokratismus – das ist ein wichtiges Thema für die nächste Sonntagspredigt des Herrn Henderson!

Bedeutet dies, dass von Mitte 1920 an die Politik Georgiens sich im Sinne einer Annäherung an die Bolschewiki verändert hat? Nicht im

---

8   Siehe die Note des georgischen Ministers des Auswärtigen vom 80. Juni 1920 unter Nr. 5171.

Geringsten. Die menschewistische Regierung hat im Frühjahr 1920 eine harte Angstperiode durchgemacht und hat kapituliert. Als sie sich aber nicht ohne Staunen überzeugt hatte, dass die zum Schlage ausholende Faust nicht auf ihr Haupt herabsank, kam sie zu dem Schluss, dass sie die Gefahr überschätzt habe und begann auf der ganzen Linie zum Rückzug zu blasen.

Vor allem erneuerten sich die Repressalien gegen die Kommunisten. Unser diplomatischer Vertreter protestierte in einer Reihe von Noten, die durch ihre Eintönigkeit ermüden, gegen das Verbot von Zeitungen, Verhaftungen, Beschlagnahme von Parteivermögen usw. Diese Proteste hatten schon keine Wirkung mehr: die georgische Regierung biss in den Zaum, arbeitete mit Wrangel zusammen, rechnete auf Polen und beschleunigte dadurch die Lösung.

Noch einmal: wodurch eigentlich unterschied sich die menschewistische „Demokratie" von der bolschewistischen Diktatur? Erstens dadurch, dass das menschewistische terroristische Regime, indem es viele Methoden der Bolschewiki kopierte, die Aufgabe hatte, die Stützen des Privatbesitzes und das Bündnis mit dem Imperialismus zu schützen. Die Sowjetdiktatur war und bleibt ein organisierter Kampf für die sozialistische Umgestaltung der Gesellschaft im Bunde mit dem revolutionären Proletariat. Zweitens dadurch, dass die Sowjetdiktatur der Bolschewiki ihre Rechtfertigung aus ihrer historischen Mission und den Bedingungen ihrer Verwirklichung schöpft und offen vorgeht. Das menschewistische Regime des Terrorismus und der Demokratie dagegen ist ein geistloser Bastard von Grausamkeit und Scheinheiligkeit.

IV.

Die Periode der Vorsicht

Die militärische Vernichtung der Mittelmächte und die Revolution in Deutschland brachten eine ungeheure Veränderung der Weltlage. Die Tifliser Politiker suchten nach einer neuen Orientierung. Die einfachste Form dafür war das Auf-dem-Bauch-kriechen vor der Entente. Aber das Morgen musste ihnen Befürchtungen einflößen. Das Vasallenbündnis mit Deutschland hatte Georgien bis auf weiteres ernste Garantien der Unantastbarkeit gegeben, da Deutschland Sowjetrussland, dessen Sturz zudem als unvermeidlich erschien, durch die Brest-Litowsker Schlinge festhielt. Eine ebensolche vasallische Unterordnung England gegenüber entschied die Frage nicht: Sowjetrussland befand sich mit England im Kriegszustande, und es konnte unabhängig vom endgültigen Ausgange des Krieges leicht passieren, dass Georgien an einer der scharfen Kurven tödlich in die Enge getrieben würde. Ein Sieg der Entente bedeutete den Sieg Denikins und folglich die Liquidierung des menschewistischen Reiches. Indessen verzeichnete das Denikintum 1919 große Erfolge. Auch der Sieg der Sowjetmacht brachte erneut große Gefahren mit sich, aber 1919 wurden die Sowjettruppen aus dem Kaukasus zurückgetrieben. Die Tifliser Politiker wurden in ihren Beziehungen zur Gegenrevolution vorsichtiger, abwartender, ausweichender, aber nicht scharfblickender und ehrlicher.

Auch der Verlauf der Arbeiterbewegung in Europa musste eine gewisse Unruhe in die Herzen der Menschewisten hineintragen. Das Jahr 1919 war ein Jahr stürmischen revolutionären Aufschwunges. Es fielen die Throne der Hohenzollern und Habsburger. Noch stärker schwankte der mächtige Thron der Bourgeoisie. Die Parteien der

Zweiten Internationale krachten in allen Fugen. Die russischen Menschewiki, die nicht aufhörten, die Kommunisten zu beschuldigen und zu belehren, begannen von einer Epoche der sozialistischen Revolution zu reden, verzichteten unter einem allem Anschein nach gerechten Vorwand auf die Losung der Konstituante und verurteilten ihre georgischen Gesinnungsgenossen wegen ihrer politischen Verbindung mit dem englisch-amerikanischen Imperialismus. Diese beunruhigenden Symptome erforderten auch größere Vorsicht.

Im Laufe des Jahres 1919 – seine ersten Monate nicht mitgerechnet – beeilten sich die georgischen Menschewiki nicht, Denikin aus eigener Initiative zu helfen, der ihrer zudem viel weniger bedurfte, und sie prahlten nicht mit ihrer Unterstützung der Weißen. Im Gegenteil, sie verliehen ihr bewusst einen Zwangscharakter, als erfolge sie unter dem Prügel der britischen Offiziere. Ihr Zusammenarbeiten mit der Entente wurde dadurch keineswegs zu einem geschäftlichen Kompromiss der feindlichen Parteien, sondern bewahrte vollständig den Charakter einer ideell-politischen Verbindung und Abhängigkeit. Sie übersetzten die Freiheitsrhetorik der „westlichen Demokratien" und die faden Banalitäten des Wilsonismus in die Sprache des georgischen Menschewismus, indem sie sich vor der Erhabenheit der Idee der Liga der Nationen beugten. Sie wurden in der Praxis wohl vorsichtiger, aber nicht ehrlicher.

Wir hegen den Verdacht, dass Mistress Snowden vor Neugier darüber vergeht, was eigentlich wir, die wir Gott und seine Gebote ablehnen, unter „Ehrlichkeit" verstehen. Wir nehmen sogar an, dass Mister Henderson diese Frage nicht ohne Ironie an uns richtet, soweit Ironie überhaupt mit Frömmigkeit vereinbar ist.

Wir gestehen: Wir kennen nicht die absolute Moral der Popen, der Kirchlichen und jene der Universitäten, jene aus dem Vatikan oder jene aus den „angenehmen Sonntagmittagsgottesdiensten". Der kategorische Imperativ Kants und der philosophische Christus ohne Fleisch und Blut und ohne die künstlerischen Vorzüge eines religiösen Mythus ist uns ebenso fremd wie der alte grausame Schlaukopf Moses, der den Schatz einer ewigen Moral auf dem Berge Sinai entdeckte. Die Moral ist eine Funktion der lebendigen menschlichen Gesellschaft, in ihr ist nichts Absolutes, sie verändert sich zusammen mit der Gesellschaft und dient als verallgemeinerter Ausdruck der Interessen ihrer Klassen, hauptsächlich der herrschenden. Die offizielle Moral ist ein idealer Zaum, in den die Unterdrückten eingespannt sind. Im Prozess des Kampfes bildet die Arbeiterklasse ihre eigene revolutionäre Moral heraus, die mit dem Sturze Gottes und der absoluten Normen beginnt. Unter Ehrlichkeit verstehen wir für uns *die Übereinstimmung des Wortes und der Tat vor dem Angesicht der Arbeiterklasse,* unter der Kontrolle des obersten Zieles der Bewegung und des Kampfes: der Befreiung der Menschheit von der Sklaverei auf dem Wege der sozialen Revolution. Wir sagen z.B. durchaus nicht, dass man nicht List anwenden und betrügen darf, dass man seine Feinde lieben soll usw. Eine solche erhabene Moral ist offenbar nur tiefgläubigen Staatsmännern zugänglich, wie Lord Curzon, Lord Northcliff oder Mister Henderson. Wir hassen oder verachten unsere Feinde – je nachdem sie es verdienen; wir schlagen oder betrügen sie – je nach den Umständen, und selbst wenn wir uns auf Verständigung einlassen, so empfinden wir keine Aufwallung alles verzeihender Liebe. Wir sind aber der Ansicht, dass man die Masse nicht belügen und sie nicht hinsichtlich der Ziele und Methoden ihres eigenen Kampfes betrügen darf. Die soziale Revolution beruht ganz auf dem Wachstum des Bewusstseins des Proletariats, auf seinem Glauben an seine Kräfte und an die Partei, durch die es geführt wird. List anwenden kann man wohl gegen die Feinde des Proletariats, nicht aber gegen dieses selbst. Unsere Partei hat zusammen mit der Masse und an ihrer Spitze Fehler begangen. Diese Fehler gaben wir offen vor dem Angesicht der Masse zu und nahmen die notwendige Wendung zusammen mit ihr vor. Was die Scheinheiligen der Legalität unsere Demagogie nennen, ist nur zu laut, für sie zu grob und alarmierend proklamierte Wahrheit. Das ist es, was wir unter Ehrlichkeit verstehen, Mistress Snowden!

Die ganze Politik des georgischen Menschewismus bestand aus Schelmenstreichen, kleinen Listen, Gaunereien, die nicht nur darauf berechnet waren, den Feind zu betrügen, sondern auch darauf, die Massen einzuschläfern. Unter den Arbeitern und Bauern und sogar unter den menschewistischen Arbeitern herrschte bolschewistische Gesinnung. Sie wurden mit Gewalt unterdrückt. Zu gleicher Zeit zersetzte man die Masse, indem man ihr Feinde als Freunde hinstellte.

Von Kreß wurde als Freund empfohlen. General Wakker wurde als Stütze der Demokratie dargestellt. Die Abmachungen mit den russischen Weißgardisten wurden bald auffällig vorgenommen, um der Entente entgegenzukommen, bald heimlich, um die Massen nicht aufzuregen.

Das Jahr 1919 war für die georgischen Menschewiki ein Jahr großer Vorsicht und Verborgenheit. Aber ihre Politik ist dadurch nicht um ein Jota ehrlicher geworden.

V.

Georgien und Wrangel

In den letzten Monaten 1919 veränderte sich die militärische Lage der Sowjetföderation radikal: Judenitsch ist vernichtet, Denikin zunächst nach Süden zurückgeworfen, darauf zersprengt. Gegen Ende des Jahres waren die Truppen Denikins in mehrere demoralisierte Gruppen geteilt. Die Entente erkaltete gewissermaßen gegen die Weißen. Der äußerste Flügel der englisch-französischen Interventionisten verlegte die Hauptaufmerksamkeit in die nationalen Randstaaten. Der erste Platz in dem nächsten Feldzug gegen Russland sollte Polen gehören. Dieser neue Plan befreite die englisch-französische Diplomatie von der Notwendigkeit, mit den Großmachtprätensionen der russischen Weißgardisten zu rechnen und löste ihr die Hände zur Anerkennung der Unabhängigkeit Georgiens.

Unter diesen Umständen schlug die Sowjetregierung Georgien ein Bündnis gegen Denikin vor. Das Ziel des Vorschlages war ein doppeltes: erstens die georgische Begierung zu der Einsicht zu zwingen, dass, wenn sie ihre internationale Orientierung ändere, sie sich in militärischer Beziehung nicht auf v. Kreß und General Wakker, sondern auf Budjonny stützen könne; zweitens unter Mitwirkung Georgiens die Liquidierung der Überreste der Denikintruppen zu beschleunigen, um ihnen nicht Zeit zu geben, eine neue Front zu bilden.

Auf diesen Vorschlag antwortete die georgische Regierung mit einer kategorischen Absage. Nach alledem, was wir über die Beziehungen Georgiens zu den Deutschen und Türken, zu Denikin und den Engländern erfahren haben, brauchen wir nicht mehr auf den gar zu eifrigen Kautsky zu hören, der die Absage Georgiens durch seine Sorge um – die Neutralität erklärt. Umso mehr, da Dschordania selbst, der in jenen Tagen im Schweiße seines Angesichts die Anerkennung von der Entente zu erreichen suchte, die Triebfedern der menschewistischen Politik offen genug enthüllt hat.

Am 14. Januar erklärte er in der Konstituierenden Versammlung: „Sie wissen, daß Sowjetrussland uns ein militärisches Bündnis angeboten hat. Wir haben dies rundweg (!!) abgeschlagen. Unsere Antwort ist Ihnen wahrscheinlich bekannt. Was bedeutet dieses Bündnis (oder was hätte es bedeutet)? Es bedeutet, daß wir unsere Beziehungen zu Europa hätten abbrechen müssen ... Die Wege Georgiens und Rußlands haben sich getrennt. Unser Weg führt nach Europa, der Weg Rußlands – nach Asien. Ich weiß: die Feinde werden sagen. daß wir aufseiten der Imperialisten stehen. Darum muß ich hier entschieden erklären: *Ich werde die Imperialisten des Westens den Fanatikern des Ostens vorziehen!*"

Diese Worte aus dem Munde des Regierungshauptes können auf jeden Fall nicht für doppelsinnig gehalten werden. Dschordania war gewissermaßen über den Anlass erfreut, da er nicht nur einfach erklären, sondern hinausschreien konnte, dass in dem neuen Feldzug, den die „Imperialisten des Westens" gegen die „Fanatiker des Ostens" vorbereiteten, Georgien ganz auf der Seite Pilsudskys, Take Joneskus, Millerands und aller übrigen stehen werde. Man kann Dschordania unter keinen Umständen das Recht streitig machen, das imperialistische angreifende „Europa" dem sich verteidigenden Sowjetrussland „vorzuziehen". Dann darf man aber auch nicht uns, den „Fanatikern des Ostens", unser Recht strittig machen, wenn es nötig ist, dem kleinbourgeoisen Lakaien des Imperialismus seinen gegenrevolutionären Schädel einzuschlagen. Denn auch wir können „kategorisch erklären": Wir ziehen einen Feind mit eingeschlagenem Schädel einem Feinde vor, der beißen und schädlich sein kann.

Die am besten erhaltenen Reste der Denikinarmee hatten sich in der Krim verborgen. Was ist aber die Krim? Kein Waffenplatz, sondern eine Falle. Im Jahre 1919 verließen wir selbst diese Flasche, als Denikin von der Ukraine her einen Pfropfen in ihren engen Hals hineinzutreiben drohte. Trotzdem setzte sich Wrangel in der Krim fest und begann eine neue Armee und eine neue Regierung aufzubauen. Das war nur deshalb möglich, da die englischfranzösische Flotte den Waffenplatz der Krim erweiterte. Das uns feindliche Schwarze Meer stand Wrangel ganz zu Diensten. Aber die Kriegsschiffe der Entente an sich entschieden die Frage noch nicht. Sie führten Wrangel Kleidung, Waffen, teilweise auch Nahrungsmittel zu. Er brauchte aber vor allem Menschen. Von wo bekam er sie aber? In sehr großer, in für ihn entscheidender Zahl – aus Georgien. Wenn das menschewistische Georgien auch sonst keine weiteren Sünden außer dieser auf dem Kerbholz hätte, so musste man sein Schicksal für besiegelt halten. Es ist ganz umsonst, sich auf den Druck der Entente zu berufen, denn Georgien leistete gar keinen Widerstand, sondern kam diesem Drucke vollständig entgegen. Politisch ist die Frage aber klarer und einfacher: wenn die „Selbständigkeit" Georgiens darin bestand, dass es auf Verlangen der Türken, Deutschen, Engländer und Franzosen gezwungen war, das Haus Sowjetrusslands in Brand zu stecken, so konnten wir uns natürlich nicht mit einer solchen Selbständigkeit aussöhnen.

In die Krim gingen mit Wrangel nicht mehr als 15 000 bis 20000 Soldaten. Die Mobilisierung der örtlichen Bevölkerung brachte wenig Nutzen: die Mobilisierten wollten nicht kämpfen, viele gingen in die Berge fort, indem sie die Abteilungen der „Grünen" bildeten. Wrangel brauchte in Anbetracht der Beschränktheit seines Waffenplatzes und seiner Ressourcen ein auserlesenes Element: weiße Offizierschaft, Freiwillige, reiche Kosaken, unversöhnliche Feinde der Sowjetmacht, die schon die Schule des Bürgerkrieges unter dem Kommando Koltschaks, Denikins oder Judenitschs durchgemacht hatten. Die Schiffe der Entente brachten sie von überall herbei. Ihr Hauptnest aber war Georgien. Der rechte Flügel der geschlagenen Armee Denikins war unter den ununterbrochenen Schlägen unserer Kavallerie in den Kaukasus hinuntergegangen und suchte innerhalb der Grenzen der menschewistischen Republik Rettung. Selbstverständlich verlief die Angelegenheit nicht ohne Erfüllung einiger Zeremonien des sogenannten internationalen Rechtes. Als „neutrales" Land hatte Georgien die im Rückzug befindlichen weißen Truppen aufgenommen und selbstverständlich in „Konzentrationslagern" untergebracht. Als ein Land, dem die westlichen Imperialisten näher stehen als die Fanatiker des Ostens, hatte es die „Lager" unter solche Verhältnisse gestellt, dass es den Weißen möglich war, ohne kostbare Zeit zu verlieren, in die Krim zu gelangen.

Nach vorhergehender Übereinkunft mit den Agenten der Entente – die überführenden Dokumente sind zur Hand – sonderte die menschewistische Regierung sorgfältig die gesunden, waffenfähigen Denikinleute aus und konzentrierte sie mit Vorbedacht in Poti am Meeresufer. Dort nahmen die Schiffe der Entente sie auf. Um aber die Neutralitäts-Reputation Pontius-Dschordanias zu wahren, nahmen die Agenten seiner Regierung den Kapitänen der englischen und französischen Dampfer Bescheinigungen darüber ab, dass jene die Flüchtlinge nach Konstantinopel brächten. Und wenn man sie trotzdem nach Sebastopol brachte, so ist hieran ausschließlich der Treubruch der Kapitäne schuld. Solcher ausgesuchten Denikinleute wurden aus Poti nicht weniger als 10 000 übergeben. Unter den in Georgien vorgefundenen Papieren befindet sich ein lehrreiches Protokoll der Regierungskommission für Kriegsflüchtlinge. General Ardshewanidse, der Chef des Konzentrationslagers, meldete: „Das Lager ist gegenwärtig in Anbetracht der Abfahrt der Freiwilligenarmee aus Poti leer." Es ist angeordnet: „Zur Kenntnis nehmen".

Unter gleichen Bedingungen wurden einige Monate später aus Gagry 6000 Kosaken nach einer missglückten Landung in die Krim zurückgebracht. Der Menschewik Ossidse, Chef der Kreismiliz von Gagry, ein kleiner örtlicher Beamter, der nicht in die Geheimnisse der Tifliser Regierung eingeweiht war, berichtete mit einigem Staunen seiner vorgesetzten Stelle: „Als wir die Bolschewiki verhafteten, gewährten wir in Gagry den Agenten Wrangels Entfaltungsfreiheit". Diese beiden sehr wichtigen Tatsachen ereigneten sich im Juni und Oktober. Aber schon seit Beginn des Jahres 1920 war die Befreiung der internierten Denikinleute und ihr Transport über Batum in vollem Gange. Dies wird bestätigt durch die Tifliser Dokumente, die vom Januar 1920 datiert sind. Die Werbeleute Wrangels arbeiten vollständig offen. Nach Georgien strömt die weiße Offizierschaft zusammen, die ein Engagement sucht. Sie findet hier eine regelrecht organisierte weiße Agentur und wird ohne Schwierigkeiten in die Krim geschafft. In allen notwendigen Fällen kommt die georgische Regierung mit Geldmitteln zu Hilfe.

Der Sozialrevolutionär Tschaikin, Vorsitzender des Befreiungskomitees des Schwarzmeergebietes (der Organisation, die den Aufstand der örtlichen Bauern gegen Denikin leitete), charakterisierte die Politik Georgiens in einem offiziellen Schreiben an die georgische Regierung folgendermaßen:

„Es braucht gar nicht erläutert zu werden, daß solche Tatsachen wie die freie Abreise des Generals Erdeli aus Georgien, die Ankunft der Denikingenerale aus der Krim zu Werbungszweeken und ihre Nicht-festnahme als Internierte auf georgischem Territorium, endlich die Agitations- und Werbearbeit des Generals Newadowsky u. a. in Poti – daß dies alles eine zweifellose Verletzung der Neutralität durch Geor-gien zugunsten der Freiwilligenarmee und eine feindliche Handlung in Bezug auf jene Mächte ist, die sich mit der Freiwilligenarmee im Kriegszustande befinden."

Das wurde am 23. April 1920 geschrieben, folglich also noch vor den Massentransporten der ausgelesenen Wrangelleute aus Poti. Am 6. September berichtete der im georgischen Dienste stehende General Mdiwani dem Chef der französischen Mission, dass die georgischen Behörden den Abtransport der Denikinleute nicht nur in keiner Weise hindern, sondern im Gegenteil „weitestgehende Unterstützung, bis zur Auszahlung von 1000 bis 15 000 Rubeln an die Flüchtlinge", gewähren. Im Ganzen befanden sich in Georgien ungefähr 25 000 bis 30 000 Kosaken und 4000 Denikinfreiwillige. Ein großer Teil von ihnen wurde in die Krim hinübergeworfen.

Georgien lieferte an Wrangel nicht nur Menschenmaterial. Es ver-sorgte ihn außerdem mit den für die Kriegführung notwendigsten Materialien. Von Ende 1919 bis zur Liquidierung Wrangels lieferte Georgien an ihn aus seinen Vorräten Kohlen, Naphtha, Benzin für Flugzeuge, Petroleum, Maschinenöl. Die Abschließung des Vertra-ges mit Sowjetrussland im Mai 1920 brachte keine Unterbrechung in diese Arbeit. Sie wurde nur ein wenig verhüllter betrieben, durch sogenannte „Privatpersonen". Am 8. Juli ging Batum, das sich faktisch in den Händen Englands befand, in die Hände des menschewistischen Georgiens über. Aber auch danach arbeitete der Hafen von Batum für Wrangel weiter. Über dies alles hat seinerzeit mit vollständiger Exakt-heit unsere Mission Bericht erstattet und ihre Berichte liegen uns gegenwärtig vor.[9] Die Dokumente, die später in Batum, Tiflis und in

---

9   Wir führen als Beispiel einen vom 14 Juli datierten Bericht an: „Anfang voriger Woche
     gingen folgende mit Kriegsmaterial beladene Schiffe in die Krim ab: „Wosroshdenie",
     „Donez" und „Kiew". Am 7. gingen ab: „Margarita" mit Geschossen, Patronen und Auto-
     mobilen, „Sharkij" mit Patronen und das Unterseeboot „Utka". Auf diesen Schiffen fuhren

der Krim gefunden wurden, bestätigen diese Berichte vollständig, sie stellen die Namen der Dampfer, die Art der militärischen Ladungen, die Namen der untergeschobenen Personen fest (z.B. den des bekannten Kadetten Paramonsow). Die wichtigsten Auszüge aus den gefundenen Dokumenten sind bereits publiziert, die Publizierung der anderen steht in nächster Zukunft bevor.

Man könnte versuchen, eine Entgegnung zu machen: Georgien habe zur Unterstützung Wrangels keine eigene Armee aufgestellt. Es konnte das aber auch nicht tun: die rein parteiliche Volksgarde war zu gering an Zahl und wurde kaum mit der Aufrechterhaltung der inneren Ordnung fertig. Die Nationalarmee aber blieb bis zum Schluss eine fingierte Größe: ihre halbformierten Abteilungen waren politisch unzuverlässig und kampfunfähig. Die menschewistische Regierung hat also zugunsten Wrangels das nicht getan, was sie später nicht einmal für ihren eigenen Schutz zu tun fähig war: eine bewaffnete Macht ins Feld zu stellen. Mit Ausnahme des Unmöglichen hat sie aber offenbar alles getan. Man kann ohne Übertreibung sagen: Das menschewistische *Georgien hat die Wrangel-armee geschaffen.* Jene 30 000 ausgewählten Offiziere, Unteroffiziere und. Kosakenkämpfer, die aus Georgien nach der Krim geschafft wurden, verbrannten hinter sich alle Schiffe und verkauften im Kampfe ihr Leben teuer. Ohne sie wäre Wrangel gezwungen gewesen, schon im Laufe des Sommers die Krim zu räumen. Mit ihnen hat er bis zum Ende des Jahres hartnäckig gekämpft und uns zeitenweise harte Schläge versetzt. Die Liquidierung Wrangels hat große Opfer gefordert. Wieviel Tausend junger Arbeiter und Bauern sind auf dem umfangreichen Sektor gefallen, der mit der schmalen Perekop-Landenge abschließt! Ohne Georgien hätte es keine Wrangelarmee gegeben. Ohne Wrangel wäre vielleicht Polen nicht in den Krieg ausgerückt. Im Falle seines Ausrückens aber hätten wir dann unsere Kräfte nicht zu teilen brauchen, und der Friede von Riga hätte anders ausgesehen: er hätte auf jeden Fall nicht Millionen von ukrainischen und weißrussischen Bauern an die polnischen Gutsbesitzer ausgeliefert. Die Krim war für die georgischen Menschewiki

---

über 2000 Mann Freiwillige und die offizielle Vertretung der Freiwilligenarmee mit General Drazenko an der Spitze ab" usw. usw. usw.

das Verbindungsglied mit den Imperialisten des Westens gegen die Fanatiker des Ostens. Dieses Glied hat uns viele Tausend Menschenleben gekostet. Um ihren Preis hat die Regierung Dschordania die juristische Anerkennung der Unabhängigkeit ihrer Republik erkauft. Nach unserer Meinung hat sie für eine so billige Ware gar zu teuer gezahlt.

Mit dem Gesicht nach Südwesten gewendet, schlug die Sowjetföderation im Laufe des Jahres 1920 mit der rechten Faust nach Westen, nach dem Hauptfeind, nach dem bourgeoisen Polen; mit der linken Faust nach Süden, nach Wrangel. War sie da nicht berechtigt, da ihr alle oben angeführten Tatsachen bekannt waren, mit dem Absatz nach Georgien, nach seinem menschewistischen Kopf zu treten?

Wäre das nicht ein Akt gesetzlicher revolutionärer Selbstverteidigung gewesen? Ist etwa das Recht der nationalen Selbstbestimmung gleichbedeutend dem Recht, ungestraft Schaden zuzufügen? Wenn Sowjetrussland im Laufe des Jahres 1920 dem menschewistischen Georgien keinen Schlag versetzt hat, so geschah dies nicht etwa deshalb, weil es an seinem „Recht" gezweifelt hätte, nach einem bösartigen, unversöhnlichen, treubrüchigen Feind zu schlagen, sondern aus Erwägungen politischer Zweckmäßigkeit. Wir wollten die Arbeit Millerands, Churchills und Pilsudskis nicht erleichtern, die danach strebten, die Randstaaten in den Krieg gegen uns hineinzuziehen. Wir strebten dagegen danach, diesen letzteren zu zeigen, dass sie unter gewissen Bedingungen ruhig und getrost Seite an Seite mit der Sowjetrepublik leben können. Im Namen der Zähmung der kleinen Republiken, die von kleinen Bourgeois mit sehr dicken Schädeln regiert werden, haben wir uns im Laufe dieser Jahre mehr als einmal auf unerhörte Zugeständnisse, auf ungeheuerliche Duldsamkeiten eingelassen. Hat etwa, um das allerfrischeste Beispiel zu nehmen, das karelische Abenteuer der finnischen Bourgeoisie uns nicht volles Recht auf einen bewaffneten Einmarsch in die Grenzen Finnlands gegeben? Wenn wir dies nicht taten, so geschah es nicht aus formalen Motiven, die voll und ganz auf unserer Seite vorhanden waren und bestehen bleiben, sondern deshalb, weil wir dem Wesen unserer Politik nach erst dann zu bewaffneter Macht unsere Zuflucht nehmen, wenn es tatsächlich keinen anderen Ausweg mehr gibt.

VI.

Die Lösung des Knotens

Indem Georgien Wrangel mit Menschen und Material versorgte, war es auch im Laufe des ganzen Jahres 1920 das Konspirationsquartier für die russischen und besonders für die transkaukasischen Weißgardisten verschiedener Gruppierungen. Es diente als Vermittler zwischen Petljura, der Ukraine, dem Kuban-Gebiet, Dagestan, den weißen Gebirgsbewohnern. Nach der Niederlage finden diese aktiven Männer bei den Menschewiki Zuflucht, hier errichten sie ihre Stäbe, von hier aus entfalten sie ihre Tätigkeit. Aus Georgien lenken sie ihre Abteilungen von Aufständischen auf folgenden Wegen nach dem Territorium der Sowjetmacht: 1. Suchum–Kale–Maruch-Pass und ferner am oberen Lauf des Flusses Kuban und den Fluss Laba entlang; 2. Suchum–Kale–Gagry, Adler–Krasnaja Poljana, Atschcha-Pass – oberer Lauf des Flusses Laba; 3. Kutais–Oni–Naltsc;hik.

Sie gehen mehr oder weniger konspirativ vor – genau in dem Maße, dass das diplomatische Dekorum gewahrt bleibt, sind aber der georgischen Besonderen Abteilung gut bekannt. „Durch meinen Aufenthalt in Georgien – schreibt am 12. November 1920 ein weißgardistischer Oberleutnant an die Besondere Abteilung – werde ich keinerlei Anlass für irgendwelche Unannehmlichkeiten mit der Sowjetmission schaffen, da meine Arbeit noch konspirativer verlaufen wird. Wenn für mich Bürgen aus der Zahl der georgischen Politiker verlangt werden, so wird sich eine genügende Anzahl finden." Dieses Dokument wurde unter vielen anderen in den menschewistischen Archiven durch die Kommission der Kommunistischen Internationale aufgefunden. Die weißen Verschwörerorganisationen stehen in engster Verbindung mit den Missionen der Entente und im Besonderen mit ihrer Gegenspionage. Wenn Henderson in dieser Hinsicht Zweifel hegt, so könnte er Erkundigungen in den Archiven der Gegenspionage Großbritanniens einholen. Wir wollen hoffen, dass sein patriotischer Standpunkt ihm den Zugang zu diesem Heiligtum sichert.

Batum ist in dieser Periode der wichtigste Knotenpunkt der Intrigen und Verschwörungen der Entente und ihrer Vasallen. Im Juli 1920 hat England Batum unmittelbar in die Hände des menschewistischen Georgiens übergeben, das sich sofort genötigt sah, sich mit Hilfe von Artillerie einen Weg zu den Herzen der adsharischen Bevölkerung zu bahnen. Indem das britische Kommando Batum nach vorhergehender Zerstörung der Mittel seiner Meeresverteidigung evakuierte, hat es dadurch sein volles Vertrauen zu dem guten Willen Georgiens in Bezug auf Wrangel bezeugt. Die Vernichtung der Armee des letzteren veränderte die Situation sofort. Die Generäle und Diplomaten der Entente kannten nur zu gut den wahren Charakter der gegenseitigen Beziehungen Georgiens, Wrangels und der Sowjetrepubliken, um über die verzweifelte Lage, in die die Liquidation Wrangels die georgischen Menschewiki gebracht hatte, nicht im Zweifel zu sein. Man muss annehmen, dass auch sie selbst, „Garantien" verlangend, nicht geschwiegen haben. In den englischen Regierungskreisen wird die Frage einer neuen Okkupation Batums aufgeworfen, unter dem Vorwande der Pacht des Freihafens oder unter irgendeiner anderen Etikette, deren der Diplomat nicht weniger hat, als der Dieb Dietriche. Die führende georgische Presse berichtete über die bevorstehende Okkupation eher mit demonstrativer Befriedigung als mit Unruhe. Es handelte sich ganz offenbar um die Schaffung einer neuen Front gegen uns. Wir erklärten, dass wir die Besetzung Batums durch die Engländer als eine direkte Eröffnung der Kriegshandlungen betrachten würden.

Fast zu gleicher Zeit begann sich für das Schicksal des unabhängigen Georgiens das Frankreich des Herrn Millerand, der bekannte Beschützer aller Schwachen, eingehend zu interessieren. Der in Georgien eingetroffene „oberste Kommissar Transkaukasiens", Herr Abel Chevalier, erklärte, ohne Zeit zu verlieren, durch die georgische Telegraphenagentur:

„Die Franzosen lieben Georgien brüderlich, und ich bin glücklich, daß ich dies zur allgemeinen Kenntnis bringen kann. Die Interessen Frankreichs fallen absolut mit den Interessen Georgiens zusammen ..."

Die Interessen jenes Frankreichs, das Russland mit der Hungerblockade umzingelte und eine Reihe von Zarengeneralen auf es hetzte, „fielen absolut zusammen" mit den Interessen des demokratischen Georgiens. In der Tat, nach den lyrischen und etwas dummen Reden über die glühende Liebe der Franzosen zu den Georgiern erklärte Herr Chevalier, wie es sich auch für einen Vertreter der Dritten Republik gehört:

„Die Staaten der ganzen Welt lechzen und hungern gegenwärtig nach Rohstoffen und Fabrikaten: Georgien aber ist der große und natürliche Weg zwischen dem Osten und dem Westen."

Mit anderen Worten, außer der Liebe zu den Georgiern lockte die sentimentalen Freunde des Herrn Millerand auch der Duft des Naphthas von Baku.

Fast gleich nach Chevalier traf der französische Admiral Dumenille in Georgien ein. Hinsichtlich der glühenden Liebe zu den Stammesgenossen Noi Dschordanias stand der Seemann dem Festlanddiplomaten in keiner Weise nach. Zu gleicher Zeit und sofort erklärte der Admiral: Da Frankreich „die Beschlagnahme fremden Eigentums nicht anerkennt" (wer hätte es glauben können?), werde er, Dumenille, sich auf dem Territorium des „unabhängigen" Georgiens befindend, der Sowjetregierung nicht gestatten, sich in den Besitz jener russischen Schiffe zu setzen, die in georgischen Häfen liegen und für die Uebergabe an Wrangel und seine eventuellen Nachfolger bestimmt seien. Das Recht gelangt zuweilen auf sehr komplizierten Wegen zu seinem Triumph!

Die Zusammenarbeit der Vertreter der französischen Demokratie mit den Demokraten Georgiens entfaltete sich in vollem Umfange. Das französische Minenschiff „Sakiar" beschoss und verbrannte den russischen Schoner „Seinab". Die französischen Konterspione überfielen unter Beteiligung der Agenten der georgischen Besonderen Abteilung den diplomatischen Sowjetkurier und beraubten ihn. Französische Minenschiffe deckten die Entführung des in einem georgischen Hafen liegenden russischen Dampfers „Prinzip" nach Konstantinopel. Die Arbeit auf dem Gebiete der Organisation von Aufständen in den benachbarten Sowjetrepubliken und Gebieten Russlands wurde in verstärktem Maßstabe betrieben. Die Zahl des aus Georgien dorthin beförderten Waffenmaterials wuchs sofort. Die Hungerblockade Armeniens, das zu jener Zeit bereits sowjetistisch geworden war, dauerte fort. Batum wurde aber nicht okkupiert. Es ist möglich, dass Lloyd George zu jener Zeit auf den Gedanken einer neuen Front verzichtet hatte. Es ist auch möglich, dass die glühende Liebe der Franzosen zu Georgien die aktive Äußerung des gleichen Gefühls vonseiten der Engländer verhindert hat. Unsere Erklärung hinsichtlich Batums ist natürlich auch nicht ohne Folgen geblieben. Indem die Entente in letzter Stunde für die Verdienste der Vergangenheit mit dem metaphysischen Wechsel der Anerkennung de jure quittierte, beschloss sie, nichts weiter auf dem unzuverlässigen Fundament des menschewistischen Georgiens aufzubauen.

Nach dem unversöhnlichen Kampfe, den die georgischen Menschewiki gegen uns geführt hatten, zweifelten sie noch im Frühjahr 1920 nicht im Geringsten daran, dass unsere Truppen, den Sieg über Denikin zum Abschluss bringend, ohne Halt zu machen bis nach Tiflis und Batum gelangen und die menschewistische Demokratie in das Meer fegen würden ... Wir aber, die wir von dem Sowjetumsturz in Georgien keine irgendwie bedeutsamen revolutionären Folgen erwarteten, waren vollständig bereit, die menschewistische „Demokratie" neben uns zu dulden, unter der Bedingung der gemeinsamen Front gegen die russische Gegenrevolution und den europäischen Imperialismus.

Aber gerade diese unsere Bereitschaft, die durch politische Berechnung diktiert war, wurde in Tiflis als Ausdruck unserer Schwäche aufgefasst. Unsere Freunde in Tiflis schrieben uns, dass in der ersten Periode die regierenden Menschewiki sich vollständig weigerten, die Motive unseres friedliebenden Verhaltens zu verstehen: es war ihnen ganz klar, dass wir Georgien ohne Kampf hätten besetzen können. Sie fanden bald eine phantastische Erklärung darin, dass England angeblich die Führung von irgendwelchen Verhandlungen mit uns von unserem friedlichen Verhalten in Bezug auf Georgien abhängig gemacht habe! Ob das nun so ist oder nicht, aber die ursprüngliche Angst verwandelte sich schnell in Frechheit, die eine Provokation nach der anderen über uns hereinbrechen ließ. In der Periode unserer Misserfolge an der polnischen Front und der Schwierigkeiten an der Wrangelfront stellte Georgien sich offen in das Lager unserer Feinde. Die traurige, kleinbürgerliche Demokratie, ohne revolutionären Schwung ohne politischen Fernblick, ohne Perspektiven, gestern noch sich vor dem Hohenzollern windend, heute bereit, vor Wilson auf dem Bauche zu kriechen, Wrangel unterstützend und morgen bereit, sich im geeigneten Moment von ihm loszusagen, mit Sowjetrussland ins Einvernehmen tretend, in der Hoffnung es zu betrügen, die feige menschewistische Demokratie, die sich endgültig verstrickt hat – sie hat sich selbst zum Untergange verurteilt.

Da wir alles Recht dazu hatten, so sahen wir, wie schon gesagt, kein politisches Interesse in der militärischen Liquidation des menschewistischen Georgiens. Im Besonderen wussten wir von vornherein sehr gut, dass die Herren menschewistischen Politiker, wenn man ihnen auf den Fuß tritt, in allen Sprachen der demokratischen Zivilisation schreien würden. Das sind nicht die Arbeiter von Rostow, Nowo-Tscherkask oder Jekaterinodar, die von den Denikin-Leuten, unter freundschaftlicher „Neutralität" und tatsächlicher-Mitwirkung der georgischen Menschewiki zu Hunderten und Tausenden vernichtet wurden und die namenlos und unbekannt für Europa zugrunde gingen. Die georgischen menschewistischen Politiker, durchweg Intelligenzler, ehemalige Studenten verschiedener Universitäten Europas, die gastfreundlichen Wirte Renaudels, Vanderveldes und Kautskys – war es nicht von vornherein klar, dass sie die Herzen aller Organe der Sozialdemokratie, des Liberalismus und der Reaktion für sich gewinnen würden? War es nicht klar, dass alle Politiker, die sich durch die Unterstützung des imperialistischen Schlachtens entehrt haben, alle Verräter und Bankrotteure des offiziellen Sozialismus, als Antwort auf die Klagen der beleidigten georgischen Brüder ein Geheul des Unwillens erheben würden, um umso deutlicher ihre frische Empfänglichkeit für die Stimme der Gerechtigkeit und ihre Ergebenheit den Idealen der Demokratie gegenüber zu bekunden? Umso mehr, da man dies alles an einer Frage zeigen konnte, die sie in keinerlei Unkosten stürzte. Wir kannten sie nur zu gut, um von vornherein nicht daran zu zweifeln, dass sie einen so vortrefflichen Vorwand sich nicht entgehen lassen würden für Resolutionen, Manifeste, Adressen, Deklarationen,

Memoranda, Artikel und Reden, für die pathetischsten Modulationen ihrer Stimme – unter Sympathie der Bourgeoisie und Unterstützung ihrer Regierungen. Schon allein aus diesem Grunde, d.h. allein aus dem Wunsche, keinen bequemen Anlass für die internationale „demokratische" Hysterie zu schaffen, wären wir bereit gewesen, die menschewistischen Führer der Gegenrevolution in ihrem georgischen Zufluchtsort in Frieden zu lassen, selbst wenn wir hierfür keine anderen ernsthafteren Ursachen gehabt hätten. Wir wollten Übereinkunft. Wir schlugen den Menschewiki gemeinsame Aktionen gegen Denikin vor. Sie weigerten sich. Wir schlossen mit ihnen einen Vertrag, der in viel geringerem Maße als das Protektorat der Entente ihre Unabhängigkeit berührte. Wir bestanden auf der Ausführung des Vertrages, entlarvten das feindliche Verhalten der georgischen Menschewiki in einer endlosen Reihe von Noten und Protesten.

Wir strebten danach, durch den Druck der werktätigen Massen Georgiens selbst uns in Georgien einen Nachbar zu sichern, der sogar ein für uns nicht unvorteilhafter Vermittler zwischen der Sowjetföderation und dem kapitalistischen Westen hätte sein können. Unsere ganze Politik in Bezug auf Georgien war in dieser Richtung orientiert. Aber für die Menschewiki gab es bereits keine Möglichkeit einer Wendung. Beim Studium der Geschichte unserer Beziehungen zu der Regierung der Menschewiki an der Hand der Dokumente wunderte ich mich mehr als einmal über unsere Langmut und zollte zu gleicher Zeit den Tribut der Anerkennung jener gigantischen bourgeoisen Maschine der Fälschung und der Lüge, mit deren Hilfe der unvermeidliche Sowjetumsturz in Georgien als eine plötzliche, durch nichts hervorgerufene, militärische Vernichtung, als ein Überfall des Sowjetwolfes auf das unschuldige Rotkäppchen des Menschewismus dargestellt wurde. O, ihr Börsenpoeten, ihr Märchendichter der Diplomatie, ihr Mythendichter der großen Presse, O ihr besoldetes Gesindel des Kapitals!

* * *

Mit dem ihm allein eigenen Scharfblick enthüllt Kautsky die diabolische Mechanik des bolschewistischen Umsturzes in Georgien: der Aufstand begann nicht in Tiflis, wie es sich gehört hätte, wenn er von den Arbeitermassen ausgegangen wäre, sondern an den Grenzen des Landes, in der Nachbarschaft der Sowjettruppen; er entwickelte sich von der Peripherie zum Zentrum hin; ist es nicht klar, dass das menschewistische Regime der militärischen Gewalt von außen her zum Opfer gefallen ist? Diese Argumentationen hätten einem angehenden Untersuchungsrichter Ehre gemacht. Sie bieten aber nichts für das Verständnis historischer Ereignisse.

Die Sowjetrevolution breitete sich von dem Petrograder und Moskauer Zentrum her über das ganze alte Zarenreich aus. Die Revolution hatte in dieser Periode keine Armee. Ihre Träger waren Abteilungen eilig bewaffneter Arbeiter. Sie rückten fast ohne Widerstand in die zurückgebliebensten Gebiete ein und errichteten unter der ungeteilten Sympathie der Werktätigen die Sowjetmacht. In den Fällen, da die bourgeors-gutsherrliche Reaktion sich des Zentrums des Gebietes bemächtigte, wie am Don oder im Kuban-Gebiet, ging der Aufstand von der Peripherie zum Zentrum weiter, nicht selten unter der Mitwirkung der Agitatoren und Kämpfer der Großstädte.

Der Gegenrevolution aber gelang es, mit von außen her kommender Hilfe sich von neuem der zurückgebliebeneren Randgebiete zu bemächtigen und sich in ihnen festzusetzen: am Don, im Kuban-Gebret, im Kaukasus, in dem Gebiet auf dem linken Ufer der Wolga und in Sibirien, am Weißen Meer und sogar in der Ukraine. Die Revolution formierte ihre Armee gleichzeitig mit der Gegenrevolution. Die Frage der Grenzen der Sowjetrevolution begann bereits durch regelrechte Gefechte, durch ganze militärische Feldzüge entschieden zu werden. Da aber die Armeen nicht „von außen her" hereingeführt, sondern von den auf Tod und Leben kämpfenden Klassen in der ganzen Ausdehnung des alten Zarenreiches geschaffen worden waren, so waren die militärischen Gefechte die Sprache des revolutionären Klassenkampfes. Zwar wurde die Gegenrevolution in sehr starkem Grade durch militärische Macht *von außen her* unterstützt. Das bestärkt aber nur unsere Schlussfolgerung. Ohne Petersburg, Moskau, den Rayon Iwanowo-Wosnessensk, das Donez-Becken, den Ural hätte die Revolution überhaupt nicht stattgefunden. Das Baugebiet an und für sich hätte die Sowjetmacht niemals errichtet. Auch das Dorf des Gouvernements Moskau hätte sie nicht errichtet. Da aber sowohl das Dorf des Gouvernements Moskau als auch das Kubanische Kosakendorf und die Steppe des Gebietes auf dem linken Wolgaufer seit langem einem staatlichen und wirtschaftlichen Ganzen angehörten und mit ihm zusammen in den Wirbel der Revolution hineingezogen wurden, so stellte sich über sie alle die revolutionäre Führung der Stadt und des industriellen Proletariats ein. Die Ausbreitung und der Sieg der Revolution waren garantiert nicht durch ein Plebiszit in jedem Winkel des Landes, sondern durch die unbestreitbare Hegemonie der proletarischen Avantgarde im ganzen Lande. Einigen, nämlich den westlichen Randgebieten gelang es mit Hilfe von außen her kommender bewaffneter Macht, sich nicht nur zeitweilig aus dem Strudel der Revolution herauszureißen, sondern auch für eine längere Frist das bourgeoise Regime beizubehalten. Die „Demokratien" Finnland, Estland, Latwiga, Litauen und sogar Polen bestehen dank dem Umstande, dass in der kritischen Periode ihrer Entstehung eine ausländische Kriegsmacht die Bourgeoisie unterstützt und das Proletariat unterdrückt hat. Gerade in diesen Ländern, die sich unmittelbar an den kapitalistischen Westen anschließen, wurde eine mechanische Störung des Kräfteverhältnisses durch Vernichtung, Einsperrung und Verbannung der besten proletarischen Elemente durch von außen her hereingeführte Kriegsmacht verursacht. Nur auf diese Weise konnte sich in ihnen ein zeitweiliges Gleichgewicht der Demokratie auf bourgeoisen Grundlagen einstellen. Warum sollten, nebenbei bemerkt, die Gerechten der Zweiten Internationale nicht folgendes Programm aufstellen: Entfernung der mit Hilfe äußerer Mächte formierten bourgeoisen Armeen aus Finnland, Estland, Latwiga usw.; Befreiung aller Verhafteten und Zurückbringung aller Verbannten (da eine Wiedererweckung aller Getöteten ja unmöglich ist); Referendum ...

Die Lage Transkaukasiens zeichnete sich dadurch aus, dass zwischen ihm und den Zentren der Revolution sich der Streifen der Kosakenvendee erstreckte. Ohne das Bestehen Sowjetrusslands wäre die kleinbürgerliche transkaukasische Demokratie sofort von Denikin erdrückt worden. Ohne das Weißgardistentum am Don und im Kuban-Gebiet wäre sie sofort in der Sowjetrevolution aufgegangen. Sie lebte und nährte sich vom angespannten Bürgerkriege in Russland und von der fremdländischen Kriegshilfe in Transkaukasien selbst. Von jenem Augenblick an, da der Bürgerkrieg mit einem Siege der Sowjetrepublik endete, wurde der Zusammenbruch des kleinbourgeoisen Regimes in Transkaukasien unvermeidlich.

Wir hörten bereits im Februar 1918 Klagen Dschordanias, dass die bolschewistische Gesinnung sich des Dorfes und der Stadt bemächtigt habe und sogar die menschewistischen Arbeiter beherrsche. Die Bauernaufstände in Georgien hörten nicht auf. Während in Sowjetrussland die legalen menschewistischen Zeitungen bis zum Aufstande der tschechoslowakischen menschewistischen Sozialrevolutionäre im Mai 1918 erschienen, war in Georgien die kommunistische Partei schon seit Anfang Februar ins Kellerloch getrieben. Ungeachtet dessen, dass das Abgeschnittensein von Sowjetrussland und die ununterbrochene Anwesenheit fremdländischer Truppen die Werktätigen Transkaukasiens terrorisierte, nahmen die roten Aufstände im Leben Georgiens einen unvergleichlich größeren Platz ein als die weißen auf dem Sowjetterritorium. Der Repressalienapparat der georgischen Regierung war unvergleichlich größer als der entsprechende Apparat Sowjetrusslands.

Unser Sieg über Denikin, und dadurch auch über die allmächtige Entente, hat einen ungeheuren Eindruck auf die Volksmassen Transkaukasiens gemacht. Bei der Annäherung der Sowjettruppen an die Grenzen Aserbaidschans und Georgiens wurden die werktätigen Massen dieser Republiken, die nicht aufhörten, sich mit den Werktätigen Russlands eins zu fühlen, von stürmischer, revolutionärer Erregung erfasst. Ihre Stimmung kann man teilweise mit jener vergleichen, die sich der Volksmassen Ostpreußens, und in bedeutendem Maße auch ganz Deutschlands, bemächtigte während unseres Vormarsches gegen Warschau und der Annäherung des linken Flügels der Roten Armee an die deutschen Grenzen. Dort hatten wir aber eine vorübergehende Episode vor uns, während die Vernichtung der Denikinarmee, vor den Augen der Entente, entscheidenden Charakter hatte, und die werktätigen Massen Aserbaidschans, Armeniens und Georgiens zweifelten nicht daran, dass die Sowjetregierung nördlich von ihnen von nun an sicher und unerschütterlich garantiert sei.

In Aserbaidschan fand der Sowjetumsturz bei der Annäherung unserer Truppen an die Grenzen des Staates fast automatisch statt. Die regierende bourgeois-gutsherrliche Partei „Mussawat" hatte auch nicht im entferntesten Grade die Traditionen und den Einfluss der georgischen Menschewiki. Baku, das in Aserbaidschan eine unvergleichlich größere Rolle spielt als Tiflis in Georgien, war eine alte Zitadelle des Bolschewismus. Die Mussawatisten flohen, indem sie den Kommunisten von Baku die Macht kampflos überließen. Nicht viel würdiger war auch die Rolle der armenischen Daschnaken. In Georgien entfalteten sich die Ereignisse planmäßiger. Die ganz verborgen liegenden bolschewistischen Gesinnungen begannen entschieden zum Durchbruch zu kommen. Die Kommunistische Partei wuchs schnell als Organisation und gewinnt noch schneller die Sympathie der Werktätigen. Die Zeitung der georgischen Sozialisten-Föderalisten „Sakartwello" schrieb am 7. Dezember 1920:

> „Ganz anders war es mit der Macht der Kommunisten in Georgien vor kaum einigen Monaten bestellt im Vergleich zu heute. Damals gab es selbst um Georgien herum keine Bolschewiki. Wir waren umgeben von unabhängigen nationalen Staaten. Unsere ökonomische und finanzielle Lage war eine verhältnismäßig bessere als heute. Heute hat sich aber das Bild verändert, und diese Veränderung des Bildes hat zugunsten der Bolschewiki stattgefunden. Heute haben die Bolschewiki in Georgien Parteiorganisationen. Hier und da haben sie unter den Arbeitern eine Mehrheit, so z.B. im Verband der Drucker. Überhaupt hat die bolschewistische Arbeit bei uns umfassenden Charakter angenommen. Innen – ein Anwachsen der bolschewistischen Kräfte, und außen – ihre vollständige Herrschaft. Das ist die Situation, in die Georgien geraten ist."

Diese Klagen der uns feindlich gesinnten Zeitung, die die wirklichen Tatsachen widerspiegeln, sind für uns sehr wichtig: sie widerlegen Kautsky kategorisch, der neben „vollster Freiheit" für die Kommunisten ihre vollständige Ohnmacht konstatierte und, hierauf fußend, den Sowjetumsturz in Georgien als Resultat seiner von außen kommenden Gewaltanwendung darstellte. Indessen bilden die Worte der nationalistischen Zeitung: „Innen ein Anwachsen der bolschewistischen Kräfte, und von außen her ihre vollständige Herrschaft" die abgeschlossene Formel des herannahenden Sowjetumsturzes.

Die allgemeine Hoffnungslosigkeit der Lage trieb den georgischen Menschewismus auf die Bahn der offenen Reaktion. Schon der grobe und herausfordernde Verzicht der Regierung Dschordania auf das Bündnis gegen Denikin schwächte die Position der Menschewiki in den Massen. In derselben Richtung wirkten die ständigen Verletzungen des Vertrages mit Sowjetrussland, die wir selbstverständlich nicht unbekannt bleiben ließen. Indem die Menschewiki die Unmöglichkeit ihrer selbständigen Existenz bei dem Siege der Sowjetmacht im ganzen übrigen Südosten des ehemaligen Zarenreiches einsahen, machten sie den verzweifelten Versuch, Wrangel zu unterstützen und die militärische Mitwirkung der Entente herbeizuführen. Vergeblich! In der Krim entschied sich nicht nur das Schicksal Wrangels, sondern auch das Schicksal des menschewistischen Georgiens.

Eine gewisse Verstärkung unserer Truppen im Kaukasus fand im Herbst 1920 statt, während der Wrangellandung im Kubangebiet und der hartnäckigen Verhandlungen über die Okkupation Batums. Die Konzentration der Truppen hatte rein defensiven Charakter. Die Liquidation Wrangels und der Waffenstillstand mit Polen erzeugten einen neuen Zustrom von Sowjetgesinnung in Georgien. Die Gegenwart der roten Regimenter an der Grenze bedeutete, dass kein Anlass zur Befürchtung einer ausländischen Intervention im Falle eines Sowjetumsturzes vorliege. Nicht um die Menschewiki zu stürzen, waren die roten Truppen notwendig, sondern dafür, um die Möglichkeit einer englischen, französischen oder einer Wrangellandung aus Konstantinopel gegen die Sowjetrevolution zu verhindern. Die Menschewiki selbst aber, mit ihrer prätorianischen Volksgarde und der fingierten Nationalarmee, leisteten ganz minimalen Widerstand. Die Sowjetrevolution, die Mitte Februar begann, war gegen Mitte März schon in allen Teilen des Landes zum Abschluss gekommen.

Wir haben keinerlei Grund, die Bedeutung der Sowjetarmee für den Sieg der Sowjets im Kaukasus zu verheimlichen oder zu verringern. Im Februar 1921 erwies sie der Revolution eine sehr große Unterstützung, jedoch eine um viele Male geringere als jene Hilfe, die die Menschewiki im Laufe von drei Jahren von der türkischen, deutschen, englischen Armee erhielten, um schon gar nicht von den russischen Weißgardisten zu reden. Dass das Revolutionskomitee, das den Aufstand leitete, seine Tätigkeit nicht in Tiflis, dem Zentrum der menschewistischen Volksgarde, sondern von der Grenze her begann, indem es sich mit dem Rücken auf die rote Armee stützte und Kräfte sammelte, – das zeugt nur davon, dass das revolutionäre Komitee politischen Sinn im Kopfe hatte, was man durchaus nicht von Kautsky behaupten kann, der nachträglich der georgischen Revolution die entgegengesetzte Strategie zu diktieren versucht. Diese Lehren geben wir höflich zurück. Wir wollen lernen und lehren, wie man den Feind schlägt. Die Apostel der Zweiten Internationale aber lehren die Kunst, geschlagen zu werden.

Es ist geschehen, was sich lange vorbereitete und was kraft der Logik der Dinge geschehen musste. Die Geschichte der Beziehungen zwischen Georgien und Sowjetrussland ist nur ein Kapitel des Buches über die Blockade Russlands, über die militärischen Interventionen, über das französische Gold, über die englischen Schiffe, über die vier Fronten, an denen die besten Leute der Arbeiterklasse im Feuer verbrannten. Dieses Kapitel kann nicht aus diesem Buche herausgerissen werden. Jenes Georgien, das heute die geschlagenen menschewistischen Heerführer des Bürgerkrieges zeichnen, hat es niemals gegeben: weder ein demokratisches, noch ein friedliches, weder ein selbständiges, noch ein neutrales Georgien. Es hat einen georgischen Waffenplatz des allgemeinen russischen Klassenkrieges gegeben. Dieser Waffenplatz ist heute in den Händen des siegreichen Proletariats.

Und nachdem die menschewistischen Führer Georgiens dazu beigetragen haben, Zehntausende von Rotarmisten, Tausende von Kommunisten erstechen, erfrieren und erhängen zu lassen und uns Wunden zuzufügen, deren Heilung Jahre in Anspruch nehmen wird; nachdem wir trotz aller Verluste und Opfer als Sieger aus dem Kampfe hervorgegangen sind; nachdem die werktätigen Massen Georgiens unter unserer Mitwirkung sie durch die Batumer Luke mit einem Fußtritt hinausbefördert haben, schlagen sie uns vor, das alte Spiel für ungültig zu erklären und von vorne zu beginnen. Ihre von den russischen, türkischen, preußischen und britischen Offizieren verletzte demokratische Jungfräulichkeit wird durch Macdonald, Kautsky, Mistress Snowden u.a. gelehrte Geburtshelfer und Hebammen der Zweiten Internationale wieder hergestellt werden, worauf – unter dem Schutze der Flotte Großbritanniens, mit Unterstützung durch die englischen Naphthaindustriellen und die italienischen Mangan-Industriellen, unter Frohlocken der „Times" und sogar mit dem Segen des neuen römischen Papstes, – das menschewistische Georgien in seiner ganzen Glorie wiedergeboren werden wird, das allerdemokratischste, das allerfreieste, das allerneueste Land der Welt!

VII.

Die georgische Gironde als politischer Typus

Georgien hat in der Geschichte des russischen Menschewismus eine sehr große Rolle gespielt. Gerade in Georgien wurde der Menschewismus zur auffälligsten und deutlichsten Form der Anpassung des Marxismus an die Bedürfnisse der Intelligenz eines rückständigen, in bedeutendem Maße vorkapitalistischen Volkes. Das Fehlen der Industrie bedeutete zugleich ein Fehlen der nationalen Bourgeoisie. Das Handelskapital befand sich hauptsächlich in den Händen von Armenien. Die geistige Kultur war vertreten durch die Intelligenz des hauptsächlich kleine Güter besitzenden Adels. Der in das Leben des Landes eindringende Kapitalismus hatte noch keine neue Kultur geschaffen, aber er erzeugte bereits Bedürfnisse, die die georgischen Adligen nicht mit Hilfe ihrer Weinberge und Hammelherden befriedigen konnten. Die Unzufriedenheit mit den russischen Beamten und dem Zarismus vereinte sich mit der Feindschaft gegen den Kapitalismus, der repräsentiert wurde durch den armenischen Kaufmann und Wucherer. Die Sorge um den kommenden Tag und das Suchen nach einem Ausweg machte die junge Generation der adligen und kleinbürgerlichen Intelligenz für die Ideen der Demokratie empfänglich und weckte in ihnen das Streben, bei den Werktätigen eine Stütze zu suchen. Aber zu dieser Zeit – Ende des vorigen Jahrhunderts – war das Programm politischer Demokratie in ihrer alten jakobinischen oder Manchesterform schon lange durch den Verlauf der historischen Entwicklung kompromittiert und hatte den Einfluss auf das Bewusstsein der unterdrückten Massen Europas an verschiedene sozialistische Theorien abgetreten, die ihrerseits immer mehr vom Marxismus verdrängt wurden. Das durch die neiderfüllte Feindschaft gegen den Kapitalismus gefärbte Streben der jungen Generation der Dörfer und Städte nach einer größeren Arena für ihre literarische, politische und jede andere Arbeit; die ersten Bewegungen der Handwerker und der wenig zahlreichen Industriearbeiter; die dumpfe Unzufriedenheit der zur Fronarbeit gezwungenen Bauernschaft, – das alles fand seinen Ausdruck in der menschewistischen Umstülpung des Marxismus, die zu gleicher Zeit die Anerkennung der Unvermeidlichkeit der kapitalistischen Entwicklung lehrte, die im Westen kompromittierten Ideen der politischen Demokratie von neuem sanktionierte und für in unbestimmter Zukunftsferne liegende Jahrhunderte die Herrschaft der Arbeiterklasse prophezeite, die organisch und schmerzlos aus der Demokratie emporwachsen werde.

Ihrer Abstammung nach kleine Adlige, Kleinbürger in ihrer Lebensweise und in dem Gefüge ihrer Psychologie, mit einem falschen marxistischen Pass in der Tasche, – so traten die Führer des georgischen Menschewismus in die revolutionäre Politik ein. Südländische Empfänglichkeit für Eindrücke und Anpassungsfähigkeit machten sie in vielen Fällen zu Führern der studentischen und der allgemeinen demokratischen Bewegung; Gefängnis, Verbannung und die Tribüne der Reichsduma festigten ihre politische Autorität und garantierten dem Menschewismus in Georgien eine gewisse Tradition.

Die kleinbürgerliche Unfähigkeit des Menschewismus, und besonders die seines georgischen Flügels, wurde umso deutlicher, je mächtiger der Schwung der Revolution wurde, je komplizierter ihre inneren und ihre internationalen Aufgaben wurden. Politische Feigheit bildet einen sehr wichtigen Zug des Menschewismus, aber die Revolution verträgt sich sehr schlecht mit Feigheit. In der Zeit der großen Ereignisse ist der Menschewik eine sehr traurige Gestalt. Aus dieser seiner Eigenheit spricht die soziale Angst des Kleinbürgers vor dem Großbourgeois, des Zivil-Intelligenzlers vor dem General, des kleinen Advokaten vor dem „richtigen" Diplomaten, des misstrauischen, ehrsüchtigen Provinzlers vor dem Franzosen oder Briten. Feigheit gegenüber dem patentierten Vertreter des Kapitals ist die Kehrseite des Hochmuts gegenüber den Arbeitern. In dem Hass Zeretellis gegen Sowjetrussland liegt eine organische Empörung gegen den Versuch des Arbeiters, eine Angelegenheit aus eigenem Antriebe in die Hand zu nehmen, die bestenfalls seinen, des gebildeten Kleinbürgers, Fähigkeiten angemessen ist, und auch das nur mit Erlaubnis des Großbourgeois.

Wenn Tschenkeli und Gegetschkori vom Bolschewismus sprechen, so suchen sie ihre Epitheta nicht nur auf den Zäunen von Tiflis, sondern auch ganz Europas zusammen. Wenn sie aber mit dem Zarengeneral Alexejew oder mit dem deutschen General v. Kreß oder mit dem großbritannischen Wakker „plaudern", so bemühen sie sich, in keiner Nuance vom höchsten Ton eines Schweizer Maître d'hôtel abzuweichen. Die Generäle fürchten sie über alles. Sie machen ihnen Versicherungen, sie überzeugen sie, sie erklären ihnen höflich, dass der georgische Sozialismus etwas ganz anderes sei als die anderen Arten von Sozialismus: jene zerstörten und verursachten Unruhe, während dieser eine Garantie der Ordnung sei. Die politische Erfahrung macht die Kleinbürger zynischer, aber sie lehrt sie nichts.

Wir schlugen oben das Tagebuch Dschugelis auf und erblickten einen der „ritterlichen" Menschewiki in eigener Darstellung. Er brennt ossetinische Dörfer nieder und trägt im Stil eines verdorbenen Gymnasiasten in das Tagebuch sein Entzücken über die Schönheit der Feuersbrunst und seine Verwandtschaft mit Nero ein. Diesem widerlichen Grimassenschneider imponieren zweifellos die Bolschewiki, die die Tatsachen des Bürgerkrieges und die rauen Maßnahmen ihrer Abrechnung mit den Feinden nicht verschweigen. Dschugeli, ebenso wie seinen Lehrern, ist das Verständnis dafür absolut unzugänglich, dass hinter dieser offenen und nicht vor sich selbst erschreckenden Politik revolutionärer Gewalt das Bewusstsein der eigenen historischen Gerechtigkeit, der eigenen revolutionären Mission liegt, die mit dem zügellosen Zynismus des „demokratischen" Provinzsatrapen nichts gemein hat, der Bauerndörfer niederbrennt und sich dabei im Spiegel betrachtet, um sich zu überzeugen, dass er dem römischen Degeneraten auf dem Throne ähnlich sehe.

Dschugeli ist keine Ausnahme. Diese Behauptung lässt sich am besten durch die Tatsache beweisen, dass das sehr schmeichelhafte Vorwort zu seinem Buche von dem ehemaligen Minister für auswärtige Angelegenheiten, Gegetschkori, geschrieben ist. Der Minister für innere Angelegenheiten, Ramischwili, proklamierte gleich nach Dschordania mit falscher Aufgeblasenheit das Recht der Demokratie auf erbarmungslosen Terror und berief sich dabei auf Marx. Von Nero bis Marx … Die emsige Mimik dieser Provinz-Kleinbürger, ihr oberflächliches, rein affenhaftes Nachahmungsvermögen ist ein schreiendes Zeugnis für ihre Inhaltslosigkeit und Leere.

In dem Maße, wie die volle Ohnmacht des „selbstständigen" Georgiens den Menschewiki selbst immer mehr offenbar wurde, und sie, nach der Vernichtung Deutschlands, das Protektorat der Entente suchen ließ, in dem Maße versteckten sie immer sorgfältiger die Werkzeuge ihrer Besonderen Abteilung und schoben statt der billigen, gefälschten Maske des Nero-Dschugeli die ebenso billige und nicht weniger gefälschte Maske Dschordania-Zeretelli Gladstones vor, des großen Proklamators liberaler Gemeinplätze.

Der gefälschte Marxismus war den georgischen Menschewiki, besonders in der Jugend, psychologisch notwendig, soweit er sie selbst mit ihrer im Grunde genommen bürgerlichen Position versöhnte. Ihre politische Feigheit, ihre demokratische Rhetorik – das Pathos der Gemeinplätze –, ihre instinktive Abneigung gegen alles Exakte, Abgeschlossene und Schroffe auf dem Gebiete der Ideen, ihre neidische Anbetung der äußeren Formen der bourgeoisen Zivilisation – das alles zusammen ergab einen psychologischen Typus, der dem marxistischen direkt entgegengesetzt ist.

Wenn Zeretelli von „internationaler Demokratie" spricht – in Petersburg, in Tiflis oder in Paris – so kann man niemals wissen, ob von der mythischen „Völkerfamilie", von der Internationale oder von der Entente die Rede ist. Letzten Endes wendet er sich immer an die letztere, drückt sich aber so aus, als hätte er nebenher auch das Weltproletariat mit einbegriffen. Die Verschwommenheit seiner Ideen, die Formlosigkeit der Begriffe erleichtert eine solche Unterschiebung auf die denkbar beste Weise. Wenn Dschordania, der Clanälteste, von internationaler Solidarität spricht, so beruft er sich zu gleicher Zeit auch auf die Gastfreundschaft der georgischen Zaren. „Die Zukunft der Internationale (!) und der Liga der Nationen ist gesichert", verkündet Tschenkeli nach seiner Rückkehr aus Europa. Nationale Vorurteile, und Bruchstücke des Sozialismus, Marx und Wilson, rhetorische Begeisterung und kleinbürgerliche Beschränktheit, Pathos und. Gaunerei, Internationale und Liga der Nationen, etwas Aufrichtigkeit, etwas Scharlatantum und,

über all diesem schwebend, die Selbstzufriedenheit eines Provinzapo-
thekers – diese durch die Ereignisse durcheinander geschüttelte Mixtur
bildet die Seele des georgischen Menschewismus.

Die georgischen Menschewiki begrüßten begeistert die 14 Punkte
Wilsons. Sie begrüßten die Liga der Nationen. Früher begrüßten
sie den Einmarsch der Truppen des deutschen Kaisers in Georgien.
Dann begrüßten sie ihren Abmarsch. Sie begrüßten den Einmarsch
der Truppen Großbritanniens. Sie begrüßten die freundschaftliche
Erklärung des französischen Admirals. Es ist selbstverständlich, dass
sie Kautsky, Vandervelde, Frau Snowden begrüßten und jederzeit
bereit sind, den Erzbischof von Canterbury zu begrüßen, wenn der
letztere sich nicht weigern wird, einige ergänzende, gegen die Bolschewiki gerichtete, Verwünschungen von sich zu geben. Auf diese Weise
zeigen diese Herrschaften, dass sie Fleisch vom Fleische der „europäischen Zivilisation" sind.

Mit fast erschöpfender Vollständigkeit enthüllt sich der georgische
Menschewismus in dem Memorandum, das von der Delegation Georgiens der Liga der Nationen in Genf vorgelegt wurde.

„Indem das georgische Volk sich unter die Fahne der westlichen
Demokratie stellt", – lautet der Schlussteil des Memorandums, – „ver-
hält es sich natürlich mit außerordentlicher Sympathie zu der Idee der
Bildung eines solchen politischen Systems, das, als direkte Folge des
Krieges erscheinend, gleichzeitig als Mittel dafür dient, die Möglichkeit der Entstehung eines Krieges in Zukunft zu verhindern. Die ‚Liga
der Nationen', die ein solches System verkörpert, repräsentiert die ihrer
Fruchtbarkeit nach außerordentliche Errungenschaft der Menschheit
(!) auf dem Wege zu ihrer künftigen Einigkeit. Indem die Regierung
Georgiens um Aufnahme in die ‚Liga der Nationen' ersucht, ... nimmt
sie an, daß die Richtlinien selbst, die das internationale Leben regulie-
ren sollen, das von nun an (!) auf die Solidarität und Zusammenarbeit
gerichtet sein soll, die Aufnahme eines alten Volkes (!) in die Familie
der freien europäischen Völker verlangen, das einstmals die Avantgarde
des Christentums (!) im Osten war, heute eine Avantgare der Demokratie geworden ist, – eines Volkes, das nur nach freier und fleißiger
Arbeit in seinem eigenen Hause strebt, das sein gesetzliches und unbe-
streitbares Erbe ist."

Hier kann man nichts hinzufügen und nichts fortlassen. Es ist ein klas-
sisches Dokument der Banalität! Man kann es als zuverlässiges Krite-

rium in Umlauf setzen. Ein Sozialist, den dieses Memorandum nicht anekelt, muss mit Schmach und für immer aus der Arbeiterbewegung vertrieben werden.

Die Hauptschlussfolgerung Kautskys aus seinem Studium Georgiens ist die, dass zum Unterschiede von ganz Russland mit seinen Fraktionen, Spaltungen und seinem inneren Kampf, zum Unterschiede von der ganzen sündigen Welt überhaupt, die in dieser Hinsicht nicht besser als Russland ist, nur in den Bergen Georgiens der wahre, unverfälschte Marxismus eine ungeteilte Herrschaft angetreten hat. Zu gleicher Zeit verheimlicht Kautsky nicht, dass es in Georgien weder eine Groß- noch eine Mittelindustrie und folglich auch kein modernes Proletariat gegeben hat. Die Hauptmasse der menschewistischen Deputierten der Konstituierenden Versammlung Georgiens bildeten Lehrer, Ärzte, Beamte. Die Hauptmasse der Wähler – Bauern. Kautsky gibt sich aber nicht die geringste Mühe, dieses offensichtliche historische Wunder zu erklären. Er, der zusammen mit allen Menschewiki uns beschuldigt, dass wir die Züge der Rückständigkeit Russlands als seine Vorzüge hinstellen, findet das ideale Musterbeispiel einer sozialdemokratischen Partei in dem rückständigsten Winkel des alten Russlands. In der Tat, jene Tatsache, dass im georgischen „Marxismus" bis jetzt keine solchen Spaltungen und kein solch umfassender Kampf der Fraktionen stattgefunden hat wie in andern, nicht so glückseligen Ländern, zeugt nur von der größeren Primitivität des sozialen Milieus, in dem der Prozess der Differenzierung der bürgerlichen und proletarischen Demokratie ein äußerst verspäteter ist, und folglich auch davon, dass der georgische Menschewismus mit dem Marxismus nichts gemein hat. Statt diese Grundfragen zu beantworten, erklärt Kautsky herablassend, dass er die Wahrheiten des Marxismus schon damals kannte, als viele von uns noch in den Windeln lagen. Wir haben nicht die Absicht, diesen Vorzug Kautskys zu bezweifeln. Der weise Nestor, der Shakespearische, nicht der Homerische, sah seinen Vorzug darin, dass seine Geliebte einstmals schöner war als die Großmutter seines jüngeren Feindes. Jeder tröstet sich, wie er kann. Vielleicht hat aber Kautsky gerade deshalb, weil er schon vor gar zu langer Zeit das ABC des Sozialismus lernte, in Georgien dessen erste Buchstaben nicht mehr anzuwenden verstanden. Die sicherere und längere Herrschaft des georgischen Menschewismus erklärt er als eine Frucht der höchsten taktischen Weisheit, nicht aber als Resultat dessen, dass die Ära des revolutionären Sozialismus für das rückständige Georgien später begonnen hat, als für die anderen Teile des alten Russlands.

Durch den Verlauf der Geschichte gekränkt, kam Karl Kautsky nach Tiflis gefahren, um seinen geistigen Hunger während der letzten Tage der menschewistischen Ära zu stillen, dreiviertel Jahrhundert nach dem Zeitpunkt, als Marx und Engels ihr Manifest schrieben. Hierher eilte auch Mistress Snowden, um ihre geistige Garderobe auszulüften. Das glaube ich! Das Evangelium Dschordanias, vernünftig, organisch, wahrhaft fabianisch, sowohl den georgischen Zaren Wachtang wie Herrn Huysmans umfassend, ist vom Himmel selbst geschaffen für die Befriedigung der höchsten Anforderungen der offiziellen Führer des britischen Sozialismus.

Wie lebenszähe doch die Dummheit ist, wenn sie soziale Wurzeln hat!

VIII.

Noch einmal: Demokratie und Sowjetsystem

Jetzt, nachdem wir die historische Skizze abgeschlossen haben, ist es statthaft, bei einigen Verallgemeinerungen haltzumachen.

Gerade die Geschichte Transkaukasiens der letzten fünf Jahre stellt einen lehrreichen Kurs über das Thema der Demokratie in der revolutionären Epoche dar. Bei den Wahlen für die Allrussische Konstituierende Versammlung stellte keine einzige kaukasische Partei das Programm der Loslösung von Russland auf. Nach 4-5 Monaten, im April 1918, beschloss der Transkaukasische Sejm, der aus den gleichen Deputierten der Konstituierenden Versammlung zusammengesetzt war, sich loszulösen und einen selbstständigen Staat zu bilden. Es hat also in der Hauptfrage des Staatslebens: ob mit Sowjetrussland oder getrennt von ihm und gegen dasselbe – niemand die Bevölkerung Transkaukasiens befragt; von einem Referendum, einem Plebiszit oder neuen Wahlen war gar keine Rede. Die gleichen Deputierten, die dafür gewählt worden wären, Transkaukasien in Petersburg auf der Grundlage der formlosen allgemein-demokratischen Plattform der ersten Periode der Revolution zu vertreten, beschlossen die Loslösung Transkaukasiens von Russland.

Ursprünglich wurde die Transkaukasische Republik als Vereinigung aller Nationalitäten proklamiert. Aber die Lage, die schon durch die Tatsache der Loslösung von Russland und durch das Suchen nach neuen internationalen Orientierungen geschaffen wurde, entwickelte sich so, dass Transkaukasien sich in drei nationale Teile spaltete: Aserbaidschan, Armenien und Georgien. Schon am 26. Mai 1918, d.h. fünf Wochen nach der Loslösung, erklärte der gleiche Sejm, der aus Deputierten der Allrussischen Konstituierenden Versammlung bestand und

97

die Transkaukasische Republik geschaffen hatte, diese für liquidiert. Wiederum befragte niemand die Volksmassen: es fanden weder neue Wahlen statt, noch eine Befragung in anderen Formen. Zuerst trennte man die Bevölkerung, ohne sie zu befragen, von Russland – im Namen der engeren Vereinigung der Tataren, Armenier und Georgier, wie die Führer des Sejm erklärten. Darauf, beim ersten äußeren Anlass, spaltete man die Tataren, Armenier und Georgier in drei Staaten, wiederum ohne sie zu befragen.

An dem gleichen Tage proklamierte der georgische Sektor des Sejm die Unabhängigkeit der Georgisehen Republik. Niemand fragte die Arbeiter und Bauern Georgiens. Sie wurden vor eine vollendete Tatsache gestellt.

Im Laufe weiterer zehn Monate befestigten die Menschewiki die „vollendete Tatsache": sie jagten die Kommunisten ins Kellerloch, traten zu den Türken und Deutschen in Beziehung, schlossen Friedensverträge, tauschten die Deutschen gegen die Engländer und die Amerikaner ein, führten ihre Hauptreformen durch, vor allem aber schufen sie ihre prätorianische bewaffnete Macht in der Volksgarde, und erst nach alledem entschlossen sie sich, die Konstituierende Versammlung einzuberufen (im Mai 1919), indem sie die Massen vor die Notwendigkeit stellten, Vertreter in das Parlament der Unabhängigen Georgisehen Republik zu wählen, von der diese Massen früher niemals etwas gehört und an die sie auch nicht einmal gedacht hatten.

Was hat dies alles zu bedeuten? Wenn, angenommen, Macdonald sich des historischen Denkens schuldig gemacht hätte, d.h. wenn er fähig wäre, die lebendigen Kräfte und Interessen der Geschichte zu sehen und deren wahres Gesicht von ihrer Maske, ihre wirklichen Triebfedern von ihren Winkelzügen zu unterscheiden, so würde er vor allem den Schluss ziehen, dass die menschewistischen Politiker, diese Demokraten par excellence, bestrebt waren, die allerwichtigsten Maßnahmen unter Umgehung der Methoden der politischen Demokratie durchzuführen und sie tatsächlich so durchgeführt haben. Sie haben sich zwar das Transkaukasische Bruchstück der Allrussischen Konstituierenden Versammlung hierfür zunutze gemacht. Sie benutzten es aber für Zwecke, die jenem entgegengesetzt waren, für den es gewählt wurde. Sie hielten diesen Rest des gestrigen Tages der Revolution künstlich am Leben, um ihrem Morgen entgegenzuwirken. Sie beriefen die Georgische Konstituierende Versammlung erst ein, nachdem sie Georgien in eine Lage hineingetrieben hatten, aus der es für die Bevölkerung keinen anderen Ausweg gab, als jenen, den sie ihr aufgezwungen hatten: Transkaukasien war von Russland getrennt, Georgien von Transkaukasien, die Engländer hielten Batum besetzt, die unzuverlässigen Freunde, die Weißen, standen an den Grenzen der Republik, die georgischen Bolschewiki waren als vogelfrei erklärt, die menschewistische Partei war der einzig mögliche Vermittler zwischen Georgien und der Entente, von der die Getreidezustellung abhing. Unter diesen Bedingungen bedeuteten die „demokratischen" Wahlen nur eine unvermeidliche Sanktionierung einer ganzen Kette von Tatsachen, die mit Hilfe der gegenrevolutionären Gewalt durch die Menschewiki selbst und ihre fremdländischen Teilnehmer und Protektoren zustande gebracht worden waren.

Man vergleiche hiermit den Oktoberumsturz, den wir offen vorbereiteten, indem wir die Massen um das Programm „Alle Macht den Sowjets" sammelten, indem wir die Sowjets aufbauten, für die Sowjets kämpften und in ihnen überall die Mehrheit in unversöhnlichem Kampfe gegen die Menschewiki, Revolutionäre und Sozialrevolutionäre eroberten. Das ist die wahrhaft revolutionäre Demokratie!

Hier müssen wir noch einmal zu einigen Fragen der Mechanik der Revolution zurückkehren, wie wir sie aus der ganzen Erfahrung der neuen Geschichte kennen.

Eine Revolution erschien bis zur Gegenwart nur in dem Falle möglich, dass die Interessen der Mehrzahl des Volkes, folglich verschiedener Klassen, dem bestehenden System der Besitz- und Staatsverhältnisse widersprachen. Die Revolution begann darum mit elementaren „gesamtnationalen" Forderungen, in denen die Klassenüberlegung der Besitzenden, die Stupidität der Kleinbourgeoisie, die politische Zurückgebliebenheit des Proletariats ihren Ausdruck fanden. Nur im Prozess der tatsächlichen Verwirklichung dieses Programms äußern sich die Widersprüche der Interessen im Lager der Revolution selbst. Ihre besitzenden, konservativen Elemente werden allmählich oder mit einem Schlage in das gegenrevolutionäre Lager hinübergeworfen. Schicht für Schicht erheben sich die unterdrückten Massen zum

Kampfe. Die Forderungen werden entschiedener, die Methoden des Kampfes unerbittlicher.

Die Revolution erreicht ihren Kulminationspunkt. Für ihren weiteren Aufstieg fehlen entweder die materiellen Voraussetzungen (in den Produktionsbedingungen) oder die bewusste politische Macht (Partei). Darauf beginnt die Kurve sich zu senken, für eine kurze Frist oder für eine lange historische Epoche. Die extreme Revolutionspartei wird entweder von der Macht entfernt oder sie beschneidet selbst ihr Aktionsprogramm, indem sie auf günstige Veränderungen im Kräfteverhältnis wartet. Wir geben hier ein algebraisches Schema der Revolution, ohne ihre genauen Klassenbedeutungen; das genügt aber augenblicklich für uns, da es sich für uns um das Wechselverhältnis zwischen dem Verlauf des Kampfes der lebendigen Kräfte und den Formen der Demokratie handelt.

Die Vertretungsinstitution, die wir aus der Vergangenheit geerbt haben (Generalstaaten in Frankreich, Reichsduma in Russland), kann in einem gewissen Moment der Revolution einen Antrieb geben, um sich dann sofort in Widerspruch zu ihr zu stellen. Eine in der ersten Epoche der Revolution gewählte Vertretungskörperschaft spiegelt unvermeidlich ihre ganze politische Formlosigkeit, Naivität, Gutmütigkeit, Unentschiedenheit wieder. Gerade deshalb wird sie sehr schnell zu einem Hemmschuh der revolutionären Entwicklung. Wenn keine revolutionäre Macht zur Stelle ist, die über dieses Hindernis hinwegzusteigen fähig ist, wird die Revolution sofort aufgehalten und zurückgeworfen. Die Konstituante wird von der Konterrevolution weggefegt. So war es in der Revolution 1848. Der General Wrangel liquidierte die preußische Konstituierende Versammlung, die außerstande war, den General Wrangel zu liquidieren und die selbst nicht rechtzeitig von einer revolutionären Partei liquidiert worden war. Wir haben bekanntlich auch einen General Wrangel gehabt, offenbar mit den gleichen ererbten Neigungen. Aber wir haben ihn liquidiert. Wir haben dies nur deshalb tun können, weil wir rechtzeitig die Konstituierende Versammlung liquidierten. Die Konstituante von Samara hat das preußische Experiment reproduziert, indem sie ihren Totengräber in Gestalt Koltschaks fand.

Die Französische Revolution konnte bis zu einem gewissen Zeitpunkt mit Hilfe schwerfälliger und stets nachhinkender Vertretungskörperschaften nur dank dem Umstande operieren, dass das damalige Deutschland unbedeutend war, während England sich damals, ebenso wie heute, nur schwer dem kontinentalen Lande nähern konnte. Auf diese Weise hat die Französische Revolution zum Unterschiede von der unseren ganz zu Anfang eine lange äußere „Atempause" gehabt, die es ihr gestattete, bis zu einem gewissen Zeitpunkt die aufeinanderfolgenden demokratischen Vertretungen den Bedürfnissen der Revolution gemächlich anzumessen und anzupassen. Als die Situation aber drohender wurde, orientierte die führende revolutionäre Partei die Politik nicht nach der Diagonale der formalen Demokratie, sondern hieb die Demokratie in Eile mit dem Messer der Guillotine nach den Bedürfnissen der Politik zurecht: die Jakobiner rotteten die rechten Mitglieder des Konvents aus und schüchterten die Zentristen des Sumpfes ein. Die Revolution verlief nicht weiter in dem Strombett der Demokratie, sondern wälzte sich durch die Engpässe und über die Stromschnellen der terroristischen Diktatur hinweg. Die Geschichte kennt überhaupt keine Revolutionen, die auf demokratischem Wege zum Abschluss gekommen wären, denn eine Revolution ist ein sehr ernster Gerichtsprozess, der nicht der Form, sondern immer dem Wesen nach entschieden wird. Es kommt vor, und zwar nicht selten, dass einzelne Leute ihr Vermögen und sogar die sogenannte Ehre nach den konventionellen Regeln des Kartenspiels verspielen; aber die Klassen erklären sich niemals bereit, Vermögen, Macht und „Ehre" nach den konventionellen Spielregeln des „demokratischen" Parlamentarismus zu verspielen. Sie entscheiden diese Frage immer ernsthaft, d.h. in Abhängigkeit von dem wirklichen Verhältnis der materiellen Kräfte und nicht ihrer halbillusorischen Widerspiegelung.

Man braucht nicht daran zu zweifeln, dass sogar in Ländern mit absoluter Mehrheit der proletarischen Bevölkerung, wie England es ist, eine von der Arbeiterrevolution geborene Vertretungsinstitution neben den ersten Forderungen der Revolution die ungeheuerlichen konservativen Traditionen dieses Landes widerspiegeln wird. Das Bewusstsein eines heutigen englischen trade-unionistischen Führers ist ein Amalgam aus den religiös-gesellschaftlichen Vorurteilen der Epoche der Restauration der St. Pauls-Kathedrale und noch früherer Zeiten, aus den praktischen Fertigkeiten eines Beamten einer Arbeiterorganisation in der Epoche der höchsten kapitalistischen Reife, aus der Aufgeblasenheit eines Kleinbürgers, der respektabel sein möchte, und aus dem schlechten Gewissen eines Arbeiterpolitikers, der viele Verrätereien begangen hat. Hierzu muss man die intelligenzlerischen, professoralen und fabianischen Einflüsse hinzurechnen: das sozialistische Moralisieren der Sonntagsprediger, die rationalistischen Schemata der Pazifisten, den Dilettantismus der Gildensozialisten, die eigensinnige und hochmütige Beschränktheit der Fabier. Wenn auch die heutigen sozialen Verhältnisse Englands äußerst revolutionäre sind, so hat seine machtvolle historische Vergangenheit als äußerster Konservatismus nicht nur im Bewusstsein der Arbeiterbürokratie einen Niederschlag gebildet, sondern auch in dem der obersten Schicht der qualifizierten Arbeiter. In Russland sind die Hindernisse für eine sozialistische Revolution objektiver Art: das Vorherrschen einer zersplitterten Bauernwirtschaft und technische Rückständigkeit; in England sind sie subjektiver Art: Verknöcherung des Bewusstseins der kollektiven Henderson und der vielköpfigen Snowden. Die Arbeiterrevolution wird mit diesen Hindernissen durch die Methoden der Säuberung und Selbstsäuberung fertig werden. Es besteht aber keinerlei Hoffnung darauf, dass sie mit ihnen auf dem Wege der Demokratie fertig wird. Gerade Mister Macdonald wird dies verhindern: nicht durch sein Programm, sondern durch die Tatsache seiner konservativen Existenz.

Wenn die russische Revolution – bei der Unbeständigkeit der sozialen Verhältnisse im Innern, bei den schroffen und stets gefährlichen Veränderungen von außen her – sich die Fesseln des bürgerlichen Demokratismus angelegt hätte, so läge sie schon lange mit durchschnittener Gurgel auf der großen Straße. Zwar schreibt Kautsky, dass der Untergang der Sowjetrepublik heute keinen ernsthaften Schlag für die internationale Revolution bedeuten würde. Aber das ist bereits eine andere Sache! Wir zweifeln sogar nicht daran, dass der Zusammenbruch der Republik des russischen Proletariats einen schweren Stein von vielen heute schwer bedrückten Herzen wälzen würde. Sie würden sofort erklären, dass sie dies schon stets vorausgesehen hätten. Kautsky würde seine tausendunderste Broschüre schreiben, in der er erklären würde, warum die Macht der russischen Arbeiter zusammengebrochen sei, aber er würde zu erklären vergessen, warum er selbst zur Nichtigkeit verurteilt ist. Wir aber sind nach wie vor der Meinung, dass gerade die Tatsache, dass die Sowjetrepublik in den schwersten Jahren nicht zusammengebrochen ist, als bestes Zeugnis zugunsten des Sowjetsystems dient. Selbstverständlich verfügt es über keinerlei wundertätige Kräfte, aber es hat sich als genügend elastisch gezeigt, um, indem es die Kommunistische Partei in engster Weise mit den Massen verbunden hat, der Partei das notwendige Manövrieren zu erleichtern, um ferner ihre Initiative nicht zu paralysieren, um sie gegen die in Bezug auf die Hauptaufgaben der Revolution zweitwichtigen und drittwichtigen Chancen des parlamentarischen Spiels zu sichern. Was die entgegengesetzte Gefahr anbelangt – sich von dem Wechsel der Stimmungen und von den Veränderungen in dem Verhältnis der Kräfte loszulösen –, so hat gerade auf diesem Gebiete das Sowjetsystem im Laufe des letzten Jahres seine sehr hohe Lebensfähigkeit bewiesen. Die Menschewiki der ganzen Welt griffen das Wort von der Thermidoretappe der russischen Revolution auf. Es waren doch aber nicht sie, sondern wir, die diese Diagnose stellten. Und, was noch wichtiger ist, die für den Schutz der Macht des Proletariats notwendigen Zugeständnisse an die thermidorianischen Stimmungen und Tendenzen der Kleinbourgeoisie hat die Kommunistische Partei gemacht, ohne Verletzung des Systems und ohne das Steuer aus der Hand zu lassen. Ein philosophierender russischer Professor, der manches von der Revolution gelernt hat, hat unsere neue ökonomische Politik nicht ohne Witz eine „Talfahrt mit Hemmschuh" genannt. Es ist sehr wahrscheinlich, dass unser Professor, wie viele andere, sich diese Talfahrt, deren Ausmaß und Bedeutung wir keineswegs schmälern wollen, als etwas Endgültiges und Entscheidendes vorstellt. Er wird sich überzeugen müssen, dass unsere Politik bei aller Entschiedenheit ihrer einzelnen Schwankungen stets ihre Grundrichtung wiederherstellt und einhält. Zu diesem Zwecke muss man sie nicht nur im Maßstab der Zeitungssensation, sondern im Maßstab der Epoche betrachten. Auf jeden Fall hat die „Talfahrt mit Hemmschuh" vom Gesichtspunkt des die Macht in den Händen haltenden Proletariats die gleichen Vorzüge, als welche für ein bürgerliches Regime rechtzeitige Reformen erscheinen, die die Wucht des revolutionären Ansturmes schwächen: ein Vergleich, der Henderson viel sagen sollte, da seine ganze Partei nur ein Hemmschuh innerhalb der bourgeoisen Gesellschaft ist.

Wie verhält es sich nun mit der „Entartung" des Sowjetsystems, von der die internationalen Menschewiki so viel reden und schreiben, allerdings nicht den ersten Monat und sogar nicht das erste Jahr. Was sie „Entartung" nennen, steht im engsten Zusammenhang damit, was oben eine „Talfahrt mit Hemmschuh" genannt wurde. Die internationale Revolution macht einen Prozess des molekularen Kräftesammelns durch, bei äußerer Stagnation und sogar bei äußerem Rückzug. Eine der Ausdrucksformen dieses Prozesses ist unsere neue ökonomische Politik. Es ist natürlich, dass diese Periode schwerer internationaler Hindernisse sich in der Lage und den Stimmungen der werktätigen Massen Russlands ausdrückt und folglich sich in der Arbeit des Sowjetsystems bemerkbar macht. Sein administrativer und wirtschaftlicher Apparat hat während dieser Periode große Erfolge gehabt. Aber das Leben der Sowjets, als Massenvertretungen, könnte selbstverständlich nicht jene Spannkraft bewahren, durch die es sich in der Periode der ersten inneren Siege oder in allen Momenten der akuten äußeren Gefahr auszeichnete. Das selbstgenügsame Lärmen der parlamentarischen Parteien, ihre Kombinationen und Intrigen können außerordentliche „Dramatik" in den Zeiten größter Bedrücktheit der Volksmassen erreichen und erreichen sie auch in der Tat nicht selten. Das Sowjetsystem hat keine solche Unabhängigkeit. Es spiegelt viel unmittelbarer die Massen und ihre Stimmungen wider. Es ist aber eine Ungeheuerlichkeit, ihm das als Minus anzurechnen, was sein Hauptplus bildet. Nur die Entwicklung der Revolution in Europa wird dem Sowjetsystem von neuem einen mächtigen Antrieb geben. Oder kann man vielleicht die „Stimmung" der Werktätigen „heben" mit Hilfe der menschewistischen Opposition und anderer Mysterien des Parlamentarismus? Es besteht kein Mangel an Ländern mit parlamentarischer Demokratie. Und was sehen wir? Nur der stumpfsinnigste Professor des Staatsrechts oder nur der schamloseste Renegat des Sozialismus kann leugnen, dass die Arbeitermassen Russlands gegenwärtig, bei dem sogenannten „Verfall" des Sowjetsystem, sich in allen Zweigen des öffentlichen Lebens hundertmal aktiver, unmittelbarer, ununterbrochener, entschiedener beteiligen als in einer beliebigen parlamentarischen Republik.

* * *

In den Ländern mit alter parlamentarischer Kultur hat sich eine ganze
Reihe komplizierter und mannigfaltiger Übertragungsmechanismen
herausgearbeitet, mit deren Hilfe der Wille des Kapitals durch Vermittlung des Parlaments seinen Ausdruck findet, das aus allgemeiner Abstimmung hervorgegangen ist. In den jungen und kulturell
zurückgebliebenen Ländern nimmt die Demokratie auf bäuerlicher
Grundlage einen unvergleichlich offeneren und dadurch auch lehr-
reicheren Charakter an. Wie das Studium der tierischen Organismen
bei der Amöbe beginnt, so sollte man das Studium der Mysterien des
großbritannischen Parlamentarismus mit dem Studium der Praxis
der Balkanverfassungen beginnen. Die in Bulgarien seit seiner selbstständigen Existenz herrschenden Regierungsparteien führten einen
erbarmungslosen Kampf gegeneinander, während sie sich in ihren
Programmen fast gar nicht voneinander unterschieden. Jede von dem
Fürsten zur Macht berufene Partei, ob sie nun russophilen oder ger-
manophilen Einschlag hatte, löste die Nationalversammlung auf und
nahm Neuwahlen vor, die ihr immer wieder die erdrückende Mehrheit verschafften und für die mit ihr konkurrierenden Parteien zwei
oder drei Plätze übrig ließen. Eine von den durch die demokratischen
Wahlen zur Nichtigkeit verurteilten Parteien wurde dann durch den
Fürsten nach zwei bis drei Jahren zur Macht berufen, löste die Nationalversammlung auf und bekam bei den neuen Wahlen eine erdrückende Mehrheit an Mandaten. Die bulgarische Bauernschaft, die
ihrem Kulturniveau und ihrer politischen Erfahrung nach keineswegs
niedriger steht als die georgische, brachte ihren politischen Willen
beständig dadurch zum Ausdruck, dass sie für die Regierungspartei
stimmte. Und auch in der Revolution unterstützt die Bauernschaft
nur jene Partei, von der sie durch die Tat überzeugt ist, dass sie eine
Macht werden kann oder schon zu einer Macht geworden ist. So war
es mit den Sozialrevolutionären nach der Märzrevolution 1917. So
war es mit den Bolschewiki nach dem Oktober. Die demokratische
Herrschaft der Menschewiki in Georgien hatte im Grunde genommen „Balkancharakter", nur auf dem Hintergrunde einer revolutionären Epoche – d.h. sie stützte sich auf die durch die ganze Erfahrung

der Geschichte bezeugte Ohnmacht der Bauernschaft, unter den Bedingungen einer bourgeoisen Ordnung eine selbständige Partei zu schaffen, die den Staat zu leiten fähig wäre. Programm und Führung lieferten in der neuen Geschichte stets die Städte. Die Revolutionen bekamen einen umso entscheidenderen Charakter, in je größerem Maße die Bauernmassen ihr Schicksal mit dem Schicksal der äußersten linken Partei der Städte verbanden. So war es bereits in Münster am Ende der Reformation. So war es in der Großen Französischen Revolution, wo der städtische Jakobinerklub es verstanden hatte, sich auf das Dorf zu stützen. Die Revolution des Jahres 1848 zerschellte bei ihren ersten Schritten gerade deshalb, weil ihr schwacher linker Flügel es nicht verstanden hatte, im Dorfe eine Stütze zu finden, und weil die Bauernschaft, in Gestalt der Armee, eine Stütze der bestehenden Ordnung blieb. Die heutige russische Revolution verdankt ihren Schwung gerade dem Umstande, dass die Arbeiter es verstanden haben, sich der Bauernschaft politisch zu bemächtigen, indem sie ihr zeigten, dass sie fähig sind, eine Macht zu schaffen.

In Georgien hat die geringe Zahl und die Rückständigkeit des Proletariats, das zudem von den Zentren der Revolution isoliert ist, dem politischen Bündnis der kleinbürgerlichen Intelligenz und der konservativen Arbeitergruppen gestattet, unvergleichlich länger die Macht in den Händen zu halten. Die georgische Bauernschaft versuchte, durch Unruhen und Aufstände der Regierung ihre radikalen Forderungen aufzuzwingen. Es zeigte sich aber, wie immer, dass sie unfähig war, eine Macht zu schaffen. Ihre vereinzelten Aufstände wurden unterdrückt. Neben der Unterdrückung geht der parlamentarische Betrug einher.

Die relative Widerstandsfähigkeit des menschewistischen Regimes war bedingt durch die politische Ohnmacht der zersplitterten Bauernmassen, die von den Menschewiki künstlich aufrechterhalten wurde.

Dieses Ziel erreichten sie umso besser, da sie die Frage der faktischen Macht, unabhängig von den Formen der Volksmacht, durch die Organisation einer selbständigen, durch nichts mit den Institutionen der Demokratie verbundenen bewaffneten Macht lösten. Wir meinen die Volksgarde, die bis jetzt nur nebenher erwähnt wurde. Sie ist aber der wichtigste Schlüssel zu den Mysterien der menschewistischen Demokratie. Die Volksgarde war unmittelbar dem Präsidenten der

Republik untergeordnet und bestand aus sorgfältig ausgewählten und gut bewaffneten Anhängern des Regimes. Kautsky weiß dies: „Nur erprobte, organisierte Genossen sollten Waffen erhalten" (S.61). Als erprobter und organisierter Menschewik wurde Kautsky selbst zum Ehrensoldaten der georgischen Volksgarde ernannt. Das ist sehr rührend, aber die Garde verträgt sich dennoch schlecht mit der Demokratie. Indem Kautsky gegen die Bolschewiki polemisiert, schreibt er in der gleichen Broschüre: „Wo das Proletariat oder eine proletarische Partei nicht über das Monopol auf Bewaffnung verfügt, wird es sich – in einem agrarischen Staat – an der Macht nur behaupten können unter der Zustimmung der Bauernschaft (S.48). Was ist denn die Nationalgarde, wenn nicht ein Monopol auf Bewaffnung in den Händen der menschewistischen Partei? Zwar wurde neben der bewaffneten Garde der menschewistischen Diktatur in Georgien eine Armee auf der Grundlage der allgemeinen Wehrpflicht geschaffen. Aber die Bedeutung dieser Armee war fast gleich Null. Während des Sturzes der Menschewiki im Februar-März 1921 beteiligte sich die nationale Armee fast nicht an den Kämpfen und ging in der Regel auf die Seite der Bolschewiki über oder ergab sich einfach ohne Kampf. Vielleicht hat Kautsky hierüber irgendwelche anderen Daten? So möge er sie erzählen. Vor allem aber möge er erklären: wozu war eine streng ausgewählte und rein prätorianische bewaffnete Macht notwendig, wenn die georgische „Demokratie" sich durch die Zustimmung der werktätigen Massen hielt? Warum lag dieses Monopol der Bewaffnung in den Händen erfahrener Menschewiki und überhaupt patentierter Anhänger des Regimes? Hiervon finden wir bei Kautsky kein Wort. Macdonald hält es überhaupt, wie wir wissen, nicht für notwendig, „sich zu beunruhigen" durch das Nachdenken über die Fragen der Revolution, umso weniger, da er innerhalb der Grenzen Großbritanniens an das Schauspiel der Bewachung der „Demokratie" durch reaktionäre Söldnertruppen gewöhnt ist. Ja, bei einer solchen Kleinigkeit, wie die bewaffnete Macht des Regimes, machen die Apologeten der menschewistischen Demokratie nicht halt. Indessen konzentrierte sich faktisch die ganze Macht in den Händen der Volksgarde. Hand in Hand mit der Besonderen Abteilung strafte und begnadigte, verhaftete, erschoss und verbannte sie. Ohne die Konstituierende Versammlung zu befragen, führte sie durch eigene Verfügungen die Arbeitspflicht durch. Schon Ferdinand Lassalle erklärte in sehr populärer Weise, dass die Kanonen den wesentlichsten Teil jeglicher Konstitution bilden. Über der georgischen „Konstitution" reckte sich, wie wir sehen, die bis zu den Zähnen bewaffnete Volksgarde empor, die nach Kautskys Worten die Zahl von 30 000 Menschewiki[10] erreichte, die nicht mit dem Programm der Zweiten Internationale, sondern mit Gewehren und Geschützen, diesem ernstesten Teil der Konstitution manövrierten.

Wir erinnern uns außerdem, dass sich in Georgien fortwährend fremdländische Truppen befanden, die von den Menschewiki speziell eingeladen waren und deren Aufgabe die Unterstützung des Regimes war.

Die Konterspionage der Entente ging Hand in Hand mit der Konterspionage der Denikin-Wrangel und mit der menschewistischen Besonderen Abteilung in breiter Front vor, indem sie jederzeit der Volksgarde oder den Okkupationstruppen für die Bedürfnisse des „Kampfes gegen die Anarchie" zur Verfügung standen, und sie stellten den entwickeltsten Teil der „Konstitution" des georgischen Menschewismus dar.

Unter diesen Bedingungen waren 82 Prozent Menschewiki in der Konstituierenden Versammlung nur eine parlamentarische Widerspiegelung der Geschütze der Volksgarde, der Besonderen Abteilung, der englischen Kriegsexpedition und des Tifliser Einzelgefängnisses. Das sind die Mysterien der Demokratie.

Und wie steht es bei euch? hören wir schon die jähzornige Stimme der kollektiven Mistress Snowden fragen.

Bei uns, gnädige Frau? Vor allem, gnädige Frau, wenn man die Institutionen mit den Ausmaßen des Landes und der Zahl der Bevölkerung vergleicht, so werden die Mittel der Diktatur des georgischen Menschewismus den Staatsapparat der Sowjetmacht um mehrere Male übersteigen. Wenn Ihnen die vier Regeln der Arithmetik bekannt sind, so werden Sie sich unschwer hiervon überzeugen können. Ferner, gnädige Frau, hat in der ganzen Zeit die ganze kapitalistische Welt

---

10   Die Zahl ist außerordentlich übertrieben: die Menschewiki haben sich auch hier die Gelegenheit nicht entgehen lassen, den Ehrenvolksgardisten anzuschwindeln.

Krieg gegen uns geführt, während Georgien beständig das Protektorat der gleichen siegreichen imperialistischen Länder genoss, die gegen uns Krieg führten. Schließlich, gnädige Frau – und dies ist nicht unwichtig –, haben wir nie und nirgends geleugnet, dass unser Regime das Regime einer revolutionären Klassendiktatur ist, nicht aber einer reinen, über den Klassen stehenden Demokratie, die angeblich aus sich selbst die Garantien ihrer Festigkeit schöpft. Wir haben nicht gelogen, während die georgischen Menschewiki und ihre Beschützer gelogen haben. „Brennesseln sind wir gewohnt, Brennesseln zu nennen." Wenn wir die Bourgeoisie und ihre politischen Lakaien der politischen Rechte berauben, so nehmen wir nicht zur demokratischen Maskierung unsere Zuflucht, wir handeln offen, indem wir das revolutionäre Recht des siegreichen Proletariats verwirklichen. Wenn wir unsere Feinde erschießen, so sagen wir nicht, dass dies der Gesang der Äolsharfen der Demokratie sei. Eine ehrliche revolutionäre Politik schließt vor allem aus, dass man den Massen Sand in die Augen streut.

IX.

Das Recht der nationalen Selbstbestimmung und die proletarische Revolution

„Die alliierten Mächte haben nicht die Absicht, von dem großen Prinzip der Selbstbestimmung der kleinen Völker abzuweichen. Nur dann werden sie auf dieses verzichten, wenn sie sich von der Tatsache überzeugen müssen, daß irgendeine zeitweilig unabhängige Nation durch ihre Unfähigkeit, die Ordnung aufrechtzuerhalten, durch Streitsucht und aggressive Akte und sogar durch die ständige kindische und unnötige Betonung ihrer eigenen Würde zeigen wird, daß sie eine eventuelle Gefahr für den Weltfrieden darstellt. Eine solche Nation werden die Großmächte nicht dulden, da sie beschlossen haben, daß der Friede der ganzen Welt gewahrt bleiben muß."

Mit so energischen Worten paukte der englische General Wakker den georgischen Menschewiki das Verständnis der *Relativität* des Rechtes der Nationen auf Selbstbestimmung ein. Politisch stand Henderson ganz hinter seinem General und steht auch jetzt noch hinter ihm. Aber „prinzipiell" ist er vollständig bereit, die nationale Selbstbestimmung in ein absolutes Prinzip zu verwandeln und dieses gegen die Sowjetrepublik zu richten.

Die nationale Selbstbestimmung ist eine Grundformel der Demokratie für unterdrückte Nationen. Dort, wo die Klassen- oder die ständische Unterdrückung durch nationale Unterdrückung kompliziert wird, nehmen die Forderungen der Demokratie vor allem die Form der nationalen Gleichberechtigung, der Autonomie oder der selbständigen Existenz an.

Das Programm der bourgeoisen Demokratie enthielt auch das Recht auf nationale Selbstbestimmung. Aber dieses demokratische Prinzip trat in schroffen und offenen Widerspruch zu den Interessen der Bourgeoisie der mächtigsten Nationen. Die republikanische Staatsform erwies sich als vollständig vereinbar mit der Herrschaft der Börse. Über dem technischen Bau des allgemeinen Wahlrechts ließ sich mühelos die Diktatur des Kapitals errichten. Aber das Recht auf nationale Selbstbestimmung nahm und nimmt in vielen Fällen den Charakter einer akuten und unmittelbaren Gefahr der Zerspaltung des bourgeoisen Staates oder der Abspaltung von Kolonien an.

Die mächtigsten bourgeoisen Demokratien verwandelten sich in imperialistische Aristokratien. Die Finanzoligarchie der City herrscht durch Vermittlung des von ihr auf „demokratische Weise" zu seinen Fronknechten gemachten Volkes der Metropole über den rechtlosen Menschenozean Asiens und Afrikas. Die Französische Republik mit einer Bevölkerung von 38 Millionen Seelen, bildet nur einen Bestandteil des Kolonialreiches, das heute bis 60 Millionen farbige Sklaven zählt. Die Neger der französischen Kolonien müssen, in immer zunehmendem Grade, die Armee komplettieren, die sowohl zur Aufrechterhaltung der Kolonialsklaverei, als auch zum Schutze der Herrschaft der Kapitalisten über die Werktätigen in Frankreich selbst dient. Das Streben nach möglichster Erweiterung des Marktes auf Kosten der Nachbarvölker, der Kampf um die Erweiterung der Kolonialmacht, für die Herrschaft über die Meere – der Imperialismus – trat immer mehr in unversöhnlichen Widerspruch zu den separatistischen nationalen Tendenzen der unterdrückten Völker. Da aber die kleinbürgerliche Demokratie, darunter auch die Sozialdemokratie, in ein vollständiges politisches Fronverhältnis zum Imperialismus geriet, so lief das Programm der nationalen Selbstbestimmung faktisch auf null hinaus.

Das große imperialistische Schlachten trug scharfe Veränderungen in diese Frage hinein: alle bourgeoisen und sozialpatriotischen Parteien klammerten sich an die nationale Selbstbestimmung, – jedoch vom anderen Ende. Die kriegführenden Regierungen strebten aus allen Kräften danach, sich dieser Losung zu bemächtigen, zuerst im Kriege gegeneinander, dann im Kampfe gegen Sowjetrussland. Der deutsche Imperialismus spielte mit der nationalen Unabhängigkeit der Polen, Ukrainer, Litauer, Letten, Esten, Finnen, der kaukasischen Völker zuerst gegen den Zarismus, dann in umfassenderer Weise gegen uns. Die Entente hielt zusammen mit dem Zarismus den Kurs auf die „Befreiung" der Völker Österreich-Ungarns, Deutschlands und der Türkei ein, und dann, nachdem sie die Mitarbeit des Zarismus verloren hatte, ging sie zur „Befreiung" der Randvölker Russlands über.

Indem die Sowjetrepublik das durch Gewaltherrschaft und Unterdrückung zusammengeschmiedete Zarenreich erbte, proklamierte sie offen die Freiheit der nationalen Selbstbestimmung und die Freiheit der nationalen Losgliederung. Indem unsere Partei die ungeheure Bedeutung dieser Losung in der Übergangsepoche zum Sozialismus begriff, verwandelte sie das demokratische Prinzip der Selbstbestimmung auch nicht für eine Minute in etwas Absolutes, das über allen übrigen historischen Bedürfnissen und Aufgaben dominiert. Die wirtschaftliche Entwicklung der modernen Menschheit hat tief zentralistischen Charakter. Der Kapitalismus schuf die Hauptvoraussetzungen für die Planwirtschaft im Weltmaßstabe. Der Imperialismus ist nur ein räuberischer kapitalistischer Ausdruck dieses Bedürfnisses nach einer geeinten Führung der ganzen Weltwirtschaft. Jedem mächtigen imperialistischen Lande ist es zu eng in den Grenzen der nationalen Wirtschaft, und es strebt nach einem umfassenderen Markt. Sein Ziel, wenigstens das ideale, ist das Wirtschaftsmonopol der ganzen Welt. In der Sprache der kapitalistischen Räuberei und Piraterie kommt hier die Hauptaufgabe unserer Epoche zum Ausdruck: die Herstellung einer Übereinstimmung des Wirtschaftslebens aller Weltteile und die Errichtung der im Interesse der ganzen Menschheit liegenden harmonischen Weltproduktion, die durchdrungen ist von dem Prinzip der höchsten Ökonomie der Kräfte und Mittel. Das aber ist gerade die Aufgabe des Sozialismus.

Es ist ganz klar, dass das Prinzip der nationalen Selbstbestimmung keinesfalls über den Einigungstendenzen des sozialistischen Wirtschaftsaufbaues steht. In dieser Hinsicht nimmt es im historischen Entwicklungsverlauf jenen untergeordneten Platz ein, der der Demokratie überhaupt eingeräumt ist. Der sozialistische Zentralismus kann jedoch nicht den imperialistischen Zentralismus unmittelbar ablösen. Die unterdrückten Nationalitäten müssen die Möglichkeit erhalten, ihre Gliedmaßen, die unter den Ketten des kapitalistischen Zwanges mit Blut unterlaufen sind, frei auszustrecken. Wie lange die Periode der Selbstbestimmung Finnlands, der Tschechoslowakei, Polens usw.

usw. sich hinziehen wird, das hängt vor allem von dem allgemeinen Entwicklungsverlauf der sozialen Revolution ab. Aber die wirtschaftliche Insolvenz der einzelnen national-staatlichen Zellen, die voneinander isoliert sind, macht sich in ihrer ganzen Schärfe schon am zweiten Tage nach der Geburt jedes neuen Nationalstaates bemerkbar.

Die proletarische Revolution hat keinesfalls die mechanische nationale Entpersönlichung und Zwangszusammenschließung zur Aufgabe und Methode. Der Kampf auf dem Gebiete der Sprache, der Schule, der Literatur, der Kultur ist ihr absolut fremd, da ihr leitendes Prinzip nicht die professionellen Interessen der Intelligenz und die „nationalen" Interessen der Krämer sind, sondern die Hauptinteressen der Arbeiterklasse. Die siegreiche soziale Revolution wird jeder nationalen Gruppe die volle Möglichkeit einer unbehinderten Lösung der Aufgaben der nationalen Kultur gewähren, indem sie zu gleicher Zeit – zum allgemeinen Vorteil und mit dem allgemeinen Einverständnis der Werktätigen – die wirtschaftlichen Aufgaben vereinheitlicht, die nach einer planmäßigen Lösung in Abhängigkeit von den natürlich-historischen und technischen Daten, keinesfalls aber von den nationalen Gruppierungen verlangen. Die Sowjetföderation schafft eine für die Koordination der nationalen und wirtschaftlichen Bedürfnisse maximal bewegliche und elastische Staatsform.

Zwischen dem Westen und dem Osten ist Sowjetrussland in der vollen Rüstung zweier Losungen aufmarschiert: Diktatur des Proletariats und nationale Selbstbestimmung. In einzelnen Fällen können diese zwei Stufen nur durch einige Jahre oder sogar Monate voneinander getrennt sein. Hinsichtlich des großen Reiches des Ostens muss dieser Zeitraum eher nach Jahrzehnten bemessen werden.

Unter den revolutionären Bedingungen Russlands erwiesen sich neun Monate des demokratischen Regimes Kerenski-Zeretelli als ausreichend, um die Bedingungen für den Sieg des Proletariats vorzubereiten. Im Vergleich zu dem Regime von Nikolai und Rasputin war das Regime Kerenski-Zeretelli ein historischer Schritt vorwärts: in diesem Eingeständnis, das wir natürlich niemals geleugnet haben, liegt nicht eine formale, professorale, pfäffische, Macdonaldische, sondern eine revolutionäre, historische, materialistische Bewertung der wirklichen Bedeutung der Demokratie. Ihre selbständige progressive

Bedeutung konnte sich bereits im Laufe von dreiviertel Jahren Revolution erschöpfen. Das bedeutet natürlich nicht, dass man im Oktober 1917 durch ein Referendum eine formal exakte Antwort von der Mehrzahl der Arbeiter und Bauern auf die Frage darüber hätte erhalten können, ob sie annehmen, dass für sie der demokratische Vorbereitungskurs der historischen Schule genüge. Das bedeutet vielmehr, dass nach neun Monaten demokratischen Regimes die Eroberung der Macht durch die proletarische Avantgarde schon nicht mehr auf den Widerstand des Unverständnisses und der Vorurteile der Mehrzahl der Werktätigen zu stoßen riskierte, sondern dass sie im Gegenteil auf einmal in die Möglichkeit versetzt wurde, ihre Positionen zu erweitern und zu befestigen, das Bewusstsein immer breiterer werktätiger Massen aktiv anziehend und erobernd. Hierin besteht gerade, wenn die dickköpfigen Pedanten der Demokratie gestatten, die große Bedeutung des Sowjetsystems.

Die nationale Loslösung der ehemaligen Randgebiete des Zarenreiches und ihre Verwandlung in selbständige kleinbürgerliche Republiken hatte die gleiche relativ progressive Bedeutung, wie auch die Demokratie im Ganzen. Nur Imperialisten und Sozialimperialisten können unterdrückten Völkern das Recht auf Loslösung absprechen. Nur Fanatiker und die Scharlatane des Nationalismus können hierin einen Selbstzweck sehen. Für uns war und bleibt die nationale Selbstbestimmung eine historische, in vielen Fällen unvermeidliche Stufe zur Diktatur der Arbeiterklasse, die schon kraft der Gesetze der revolutionären Strategie im Prozess des Bürgerkrieges, als Gegengewicht zum nationalen Separatismus, tief zentralistische Tendenzen entwickelt, die im weiteren Verlauf vollständig mit den Bedürfnissen der sozialistischen Planwirtschaft übereinstimmen.

Wie bald der Klassenwiderstand gegen die Illusionen der „selbständigen" staatlichen Existenz die Eroberung der Macht durch die Arbeiterklasse möglich machen wird, das hängt sowohl von dem allgemeinen Tempo der revolutionären Entwicklung ab (hiervon war schon die Rede), als auch von den speziellen inneren und äußeren Bedingungen des betreffenden Landes. In Georgien hat sich die fiktive nationale Unabhängigkeit drei Jahre lang gehalten. Ob die werktätigen Massen Georgiens tatsächlich drei Jahre gebraucht haben, um in genügendem Maße ihre nationalen Illusionen los zu werden – und ob hierfür drei Jahre genügt haben –, auf diese Frage kann man keine akademische Antwort geben. Referendum und Plebiszit verwandeln sich unter den Bedingungen eines erbitterten Kampfes zwischen Imperialismus und Revolution auf jedem Fetzen des Weltterritoriums in eine Fiktion. Wie sie veranstaltet werden, darüber kann man sich bei den Herren Korfanty, Sheligowsky oder in den entsprechenden Kommissionen der Entente erkundigen. Für uns wird die Frage nicht durch die Methoden der formal demokratischen Statik, sondern durch die Methoden der revolutionären Dynamik entschieden. Worin besteht das tatsächliche Wesen der Angelegenheit? Darin, dass der Sowjetumsturz in Georgien, der zweifellos unter der aktiven Beteiligung der Roten Armee vollzogen wurde – es wäre Verrat gewesen, den Arbeitern und Bauern Georgiens nicht mit bewaffneter Macht zu helfen, zumal wir eine solche hatten! –, sich nach der politischen Erfahrung von drei Jahren „Unabhängigkeit" Georgiens unter Bedingungen abspielte, die ihm vollständig einen weiteren politischen, und nicht nur einen zeitweiligen militärischen Erfolg sicherten, d. h. eine fernere Erweiterung und Befestigung des Sowjetfundaments von Georgien selbst. Darin aber gerade besteht, wenn die dickköpfigen Pedanten der Demokratie gestatten, die revolutionäre Aufgabe.

Die Politiker der Zweiten Internationale schneiden, ihre Lehrer aus den bürgerlich-diplomatischen Kanzleien kopierend, Grimassen tödlicher Ironie anlässlich der Anerkennung des Rechts auf nationale Selbstbestimmung durch uns. – Das ist eine Falle für Einfältige! Ein Köder des roten Imperialismus! – In der Tat aber verteilt diese Köder die Geschichte selbst, die ihre Aufgaben nicht geradlinig löst. Und auf jeden Fall sind nicht wir es, die die Zickzacklinien der historischen Entwicklung in Fallen verwandeln. Denn, indem wir das Recht auf national-staatliche Selbstbestimmung durch die Tat anerkennen, machen wir immer den Massen seine beschränkte historische Bedeutung klar, und ordnen ihm keinesfalls die Interessen der proletarischen Revolution unter.

Die Anerkennung des Rechtes auf Selbstbestimmung vonseiten eines Arbeiterstaates ist zugleich auch eine Anerkennung dessen, dass die revolutionäre Gewalt kein allmächtiger historischer Faktor ist. Die

Sowjetrepublik beabsichtigt keinesfalls, die revolutionären Bemühungen des Proletariats anderer Länder durch ihre bewaffnete Macht zu ersetzen. Die Eroberung der Macht durch dasselbe muss aus seiner eigenen politischen Erfahrung herauswachsen.

Das bedeutet nicht, dass die revolutionären Anstrengungen der Werktätigen, meinetwegen in demselben Georgien, keine bewaffnete Unterstützung von außen her finden könnten. Es ist nur notwendig, dass diese Unterstützung in einem solchen Moment eintritt, da das Bedürfnis nach ihr vorbereitet ist durch die vorhergehende Entwicklung und herangereift ist in dem Bewusstsein der revolutionären Avantgarde, die die Sympathie der Mehrheit der Werktätigen besitzt. Das sind Fragen der revolutionären Strategie, nicht aber des formal demokratischen Rituals.

Die Realpolitik des heutigen Tages fordert von uns, dass die Interessen des Arbeiterstaates nach Möglichkeit in Übereinstimmung gebracht werden mit den Bedingungen, die hervorgehen aus seiner Einkreisung durch die großen und kleinen bürgerlichen nationaldemokratischen Staaten. Gerade durch diese Erwägungen, die aus der Berücksichtigung der tatsächlichen Kräfte hervorgehen, wurde unsere nachgiebige, geduldige, abwartende Politik in Bezug auf Georgien bestimmt. Als aber dieses Kompromisslertum, sich selbst politisch erschöpfend, nicht einmal elementare Garantien der Gefahrlosigkeit gewährte; als das Prinzip der Selbstbestimmung in den Händen des Generals Wakker und des Admirals Dumenille zu einer juristischen Garantie der Gegenrevolution wurde, die einen neuen Schlag gegen uns vorbereitete, sahen wir keinerlei prinzipielle Hindernisse und konnten sie nicht sehen, nach einer Aufforderung vonseiten der revolutionären Avantgarde Georgiens, die roten Truppen nach Georgien zu führen und den ärmsten Bauern zu helfen, in kürzester Frist und mit minimalen Opfern jene traurige Demokratie zu stürzen, die durch ihre Politik sich selbst zugrunde gerichtet hat.

Wir erkennen das Prinzip der Selbstbestimmung nicht nur an, sondern unterstützen es auch nach Kräften dort, wo es gegen die feudalen, kapitalistischen, imperialistischen Staaten gerichtet ist. Dort aber, wo die Fiktion der Selbstbestimmung sich in den Händen der Bourgeoisie in eine Waffe verwandelt, die gegen die Revolution des Proletariats gerichtet ist, haben wir gar keinen Grund, uns zu dieser Fiktion anders zu verhalten, als zu den andern „Prinzipien" der Demokratie, die durch das Kapital in ihr Gegenteil verwandelt worden sind. Dass in Bezug auf den Kaukasus die Sowjetpolitik auch in nationaler Beziehung sich als richtig erwiesen hat, davon zeugt am besten das heutige gegenseitige Verhältnis der kaukasischen Völker zueinander.

Die Epoche des Zarismus war eine Epoche barbarischer nationaler Pogrome im Kaukasus. Das armenisch-tatarische Gemetzel flammte periodisch auf. Die blutigen Explosionen unter dem gusseisernen Deckel des Zarismus bildeten eine Fortsetzung des seit Jahrhunderten bestehenden Kampfes der transkaukasichen Völker untereinander.

Die Epoche der sogenannten Demokratie verlieh dem nationalen Kampfe einen viel ausgesprocheneren und organisierteren Charakter. Es begannen gleich in den ersten Zeiten sich nationale Armeen zu formieren, die gegeneinander feindlich gesinnt waren und nicht selten kriegerische Aktionen gegeneinander eröffneten. Der Versuch der Schaffung einer bourgeoisen föderativ-demokratischen transkaukasischen Republik erlitt ein trauriges und schmachvolles Fiasko. Fünf Wochen nach ihrer Schaffung zerfiel die Föderation. Nach einigen Monaten führten die „demokratischen" Nachbarn bereits offen Krieg gegeneinander. Schon allein diese Tatsache entscheidet die Frage. Denn wenn die Demokratie, gleich nach dem Zarismus, sich als unfähig erwiesen hat, Bedingungen wenigstens eines friedlichen Zusammenlebens der Völker Transkaukasiens zu schaffen, so war es offenbar notwendig, neue Bahnen einzuschlagen.

Erst die Sowjetmacht trug Beruhigung in die nationalen Wechselbeziehungen hinein. Bei den Sowjetwahlen wählen die Arbeiter von Baku und Tiflis einen Tataren, Armenier oder Georgier, ohne sich nach ihrer Nationalität zu erkundigen. In Transkaukasien leben Schulter an Schulter mohammedanische, armenische, georgische und russische Rote Regimenter. Sie fühlen sich als eine einige Armee. Keine Macht wird sie gegeneinander in Bewegung setzen. Dagegen werden sie alle Sowjet-Transkaukasien gegen jedes äußere oder innere Attentat verteidigen.

Die Herstellung des nationalen Friedens in Transkaukasien, die durch die Sowjetrevolution erreicht wurde, ist schon an sich eine Tatsache von ungeheurer politischer und kultureller Bedeutung. Hier wird wirklicher und lebendiger Internationalismus geschaffen, den wir getrost den hohlen und leeren pazifistischen Reden der Helden der Zweiten Internationale gegenüberstellen können, die die chauvinistische Praxis ihrer nationalen Bestandteile ergänzen.

* * *

Die Forderung des Abtransportes der Sowjettruppen aus Georgien und der Organisation eines Referendums „unter der Kontrolle gemischter Kommissionen aus Sozialisten und Kommunisten" stellt eine der wertlosesten imperialistischen Fallen unter der demokratischen Flagge der nationalen Selbstbestimmung dar.

Wir lassen eine Reihe von Kardinalfragen beiseite: Mit welcher Begründung wollen die Demokraten uns die demokratische Form der Befragung der Bevölkerung statt der von unserem Gesichtspunkt höheren Sowjetform aufzwingen? Warum beschränkt sich die Anwendung des Referendums auf Georgien allein? Warum wird eine solche Forderung nur an die Sowjetrepublik gerichtet? Warum wollen die Sozialdemokraten bei uns das Referendum durchführen, während sie nichts Derartiges bei sich zu Hause durchführen?

Stellen wir uns auf die Position unserer Gegner, wenn sie etwas Derartiges wie eine Position haben. Sondern wir die Frage Georgiens heraus und betrachten wir sie isoliert. Es wird folgendes zur Aufgabe gestellt: die Schaffung von Bedingungen einer freien (demokratischen, und nicht sowjetistischen) Willenskundgebung des georgischen Volkes.

1. Wer will einen Vertrag schließen und mit wem? Wer garantiert die tatsächliche Ausführung der Vertragsbedingungen? Einerseits offenbar die verbündeten Sowjetrepubliken, wer aber auf der anderen Seite? Etwa die Zweite Internationale? Wo aber ist ihre materielle Kraft, die die Einhaltung der Bedingungen garantieren könnte?

2. Selbst wenn man annimmt, dass der Arbeiterstaat mit … Henderson und Vandervelde verhandeln wird, und dass in Übereinstimmung hiermit die Kontrollkommissionen aus Kommunisten und Sozialdemokraten zusammengesetzt werden, wie soll man es dann mit der „dritten" Macht halten, mit den imperialistischen Regierungen? Werden sie

sich nicht einmischen? Oder garantieren die sozialdemokratischen Kommis für ihre Arbeitgeber? Wo aber sind die materiellen Garantien?

3. Die Sowjettruppen müssen aus Georgien fortgeführt werden. Aber die Westgrenze Georgiens wird vom Schwarzen Meer umspült. Auf diesem herrschen unumschränkt die Kriegsschiffe der Entente. Die weißgardistischen Landungstruppen, die von den Schiffen Englands und Frankreichs ausgesetzt werden, sind der Bevölkerung des Kaukasus zur Genüge bekannt. Die Sowjettruppen werden fortgehen, die imperialistische Flotte aber wird bleiben. Für die georgische Bevölkerung wird dies bedeuten, dass sie um jeden Preis eine Verständigung mit dem wirklichen Herrn der Situation, mit der Entente, suchen muss. Der georgische Bauer wird sich sagen müssen, dass er zwar die Sowjetmacht vorzieht, da sie aber aus irgendeinem Grunde (offenbar deshalb, weil sie schwach ist) gezwungen ist, das Territorium zu räumen, so muss er, der georgische Bauer, trotz der ständigen Bedrohung durch den Imperialismus, Vermittler zwischen sich und diesem Imperialismus suchen. Wollen Sie etwa auf diese Weise den freien Willen des georgischen Volkes vergewaltigen und ihm die Menschewiki aufzwingen?

4. Oder wird man uns den Vorschlag machen, die Kriegsschiffe der Entente aus dem Schwarzen Meer fortzuführen? Wer wird es vorschlagen: die Regierungen der Entente oder Mistress Snowden? Diese Frage (siehe Punkt 2) hat eine gewisse Bedeutung. Wir bitten um Aufklärung!

5. Wohin werden die Kriegsschiffe geführt werden: ins Marmarameer? Oder ins Mittelmeer? Aber bei der Herrschaft Englands über die Meerengen ist diese Distanz von keinerlei Bedeutung. Was gibt es da für einen Ausweg?

6. Vielleicht sollte man die Meerengen mit einem Schloss verschließen? Und vielleicht gleich auch noch den Schlüssel der Türkei einhändigen? Denn aus dem Prinzip der nationalen Selbstbestimmung geht keineswegs hervor, dass Großbritannien über die türkischen Meerengen, über Konstantinopel, über das Schwarze Meer und dadurch auch über dessen Küsten herrschen muss, besonders wenn man sich erinnert, dass unsere Schwarzmeerflotte von den weißen Banditen fortgeführt worden ist und sich in den Händen der Entente befindet.

Usw. usw. usw.

Wir haben uns bereit erklärt, die Frage so zu stellen, wie sie unsere Gegner zu stellen bemüht sind, d.h. in der Ebene der demokratischen Prinzipien und Garantien. Es hat sich herausgestellt, dass man uns in der rücksichtslosesten Weise zu betrügen versucht: man verlangt von uns eine materielle Entwaffnung des Sowjetterritoriums als Garantie gegen imperialistische und weißgardistische Eroberungen, aber man schlägt uns vor … eine Resolution der Zweiten Internationale.

Oder drohen vielleicht dem Kaukasus keinerlei imperialistische Gefahren? Hat Mistress Snowden nichts über das Naphtha von Baku gehört? Möglich, möglich. Wir können ihr mitteilen, dass der Weg nach Baku über Batum-Tiflis führt. Dieser letztere Punkt ist der strategische Brennpunkt Transkaukasiens, was den englischen und französischen Generälen nicht unbekannt ist. Im Kaukasus bestehen auch gegenwärtig weißgardistische Verschwörerorganisationen unter dem sehr feierlichen Namen „Befreiungskomitee", der sie nicht daran hindert, Geldunterstützungen vonseiten englischer und russischer Naphthaindustrieller, italienischer Manganindustrieller usw. zu erhalten. Auf dem Seewege werden den weißen Banden Waffen zugestellt. Der Kampf geht um das Naphtha und das Mangan. Den Naphthaindustriellen ist es ganz gleich, wie sie zu ihrem Naphtha gelangen: ob durch Denikin, ob durch die mohammedanische Partei Mussawat oder durch die Tore der „nationalen Selbstbestimmung" mit den Torwächtern der Zweiten Internationale. Wenn es Denikin nicht gelungen ist, die Rote Armee zu zerschlagen, so wird es vielleicht Macdonald gelingen, sie auf friedlichem Wege fortzuführen? Das Resultat wäre das gleiche.

Aber Macdonald wird es nicht gelingen. Solche Fragen werden nicht durch Resolutionen der Zweiten Internationale entschieden, selbst wenn diese Resolutionen auch nicht so traurig, widerspruchsvoll, diebisch und stammelnd wären wie die Resolution über Georgien.

X.

Die bourgeoise öffentliche Meinung,
Sozialdemokratie, Kommunismus

Es bleibt noch zu fragen übrig, mit welcher Begründung eigentlich die Leute der Zweiten Internationale von uns, der Sowjetföderation, der Kommunistischen Partei, fordern, dass wir Georgien räumen sollen? Im Namen welcher Prinzipien? Angenommen, dass Georgien tatsächlich gewaltsam okkupiert wurde und dass hierin unser Sowjetimperialismus seinen Ausdruck gefunden hat. Was aber berechtigt Henderson, ein Mitglied der Zweiten Internationale, den ehemaligen Minister Großbritanniens, von uns, einem organisierten Staat des Proletariats, der Dritten Internationale, dem revolutionären Kommunismus, zu fordern, dass wir, nur um seiner frommen Augen willen, Sowjetgeorgien entwaffnen sollen? Wenn Herr Churchill dies fordert, so weist er mit der Hand auf die langen Rüssel der Marinegeschütze und auf den Stacheldraht der Blockade. Auf was aber weist Herr Henderson? Auf die Heilige Schrift, auf das Parteiprogramm oder auf seine Taten? Die Heilige Schrift ist aber ein naiver Mythus; das Programm des Herrn Henderson ist ein Mythus, aber ohne Naivität; und seine Taten zeugen alle gegen ihn.

Es ist noch nicht so lange her, dass Henderson Minister einer der Demokratien war – seiner eigenen, der großbritannischen. Warum hat er nicht darauf bestanden und auch nicht versucht, darauf zu bestehen, dass diese Demokratie, zu deren Schutze er zu jeglichen Opfern und sogar zur Annahme eines Ministerportefeuilles aus den Händen des liberal-konservativen Lloyd George bereit ist, Prinzipien zu verwirklichen beginne – nicht unsere, O nein, sondern ihre eigenen und die seinen, Hendersons, Prinzipien? Warum forderte er nicht eine Evakuierung Indiens und Ägyptens? Warum unterstützte er seinerzeit nicht die Forderungen der Irländer auf völlige Befreiung vom großbritannischen Joch? Wir wissen, dass Henderson, ebenso wie Macdonald, an den hierfür bestimmten Tagen in melancholischen Resolutionen gegen die Auswüchse des großbritannischen Imperialismus protestierten. Aber dieser ohnmächtige und willenlose Protest hat niemals die wirklichen Interessen der Kolonialherrschaft des englischen Kapitals bedroht und bedroht sie auch nicht; er hat niemals zu mutigen und entschiedenen Aktionen geführt und führt auch nicht dazu, denn seine Aufgabe besteht darin, die Gewissensbisse der „sozialistischen" Bürger der regierenden Nation zu mildern und dem Unwillen der englischen Arbeiter ein Ventil zu schaffen, aber er hat durchaus nicht die Sprengung der Ketten der Kolonialsklaven zur Aufgabe. Die Herrschaft Englands über die Kolonien halten die Henderson nicht für eine Frage der Politik, sondern für eine Tatsache der Naturgeschichte. Sie haben niemals und nirgends erklärt, dass die Inder, Ägypter und andere versklavte Völker ein Recht haben, ja, dass sie sogar verpflichtet sind, sich im Namen ihrer Zukunft mit der Waffe in der Hand gegen die englische Herrschaft zu erheben, und sie haben niemals als „Sozialisten" die Verpflichtung übernommen, bei der ersten Möglichkeit mit den Waffen in der Hand den Befreiungskampf der Kolonien zu unterstützen. Hier kann auf keinen Fall ein Zweifel darüber bestehen, dass es sich um die elementarste erz-demokratische Pflicht handelt, zudem in doppeltem Sinne: erstens bilden die Kolonialsklaven zweifellos eine erdrückende Mehrheit im Vergleich zu der minimalen herrschenden britischen Minderheit; zweitens erkennt diese Minderheit selbst und erkennen vor allem ihre offiziellen Sozialisten die Prinzipien der Demokratie als führende Grundsätze ihrer Existenz an. So z.B. Indien! Warum veranlasst Henderson keine Aufstandsbewegung zugunsten der Fortführung der britischen Truppen aus Indien? Ein offensichtlicheres, monströseres, zum Himmel schreienderes, schamloseres Mit-den-Füßen-Treten der Gesetze der Demokratie gibt es nicht, und kann es nicht geben, als die Herrschaft des britisch-kapitalistischen Tintenfisches über den großen Leib dieses unglücklichen versklavten Landes! Man sollte meinen, dass Henderson, Macdonald und andere Tag für Tag, und nicht nur tags, sondern auch nachts Alarm schlagen, fordern, aufrufen, überführen und den Aufstand der Inder und aller englischen Arbeiter gegen die unmenschliche Nichtachtung der Prinzipien der Demokratie predigen müssten. Aber nein, sie schweigen, oder was noch schlimmer ist, sie unterschreiben von Zeit zu Zeit, ein Gähnen unterdrückend, eine räsonierende, leere und wie eine englische Predigt fade Resolution, um zu zeigen, dass sie, ganz auf dem Boden der Kolonialherrschaft stehend, es vorziehen würden, ihre Rosen ohne Dornen zu pflücken, und dass sie auf jeden Fall nicht gewillt sind, sich ihre loyalen britischen Sozialisten-Hände an diesen Dornen zu zerstechen. Da dies angeblich durch demokratische und patriotische Erwägungen hervorgerufen wird, so setzt sich Henderson ruhig in den Sessel eines königlichen Ministers, und es kommt ihm gleichsam nicht in den Kopf, dass dieser Sessel sich auf den antidemokratischsten Sockel der Welt stützt: auf die Herrschaft einer zahlenmäßig minimalen kapitalistischen Clique unter Vermittlung einiger zehn Millionen britischen Volkes über einige Hundert Millionen farbiger Sklaven Asiens und Afrikas. Ja, weit mehr, im Namen der Verteidigung dieser monströsen Herrschaft, die durch die Formen der Demokratie verhüllt wird, ist Henderson mit der offenen, militärisch-polizeilichen Diktatur des russischen Zarismus in ein Bündnis eingetreten. Sie waren Minister des russischen Zarismus, Herr Henderson, insofern, als Sie Kriegsminister waren. Bitte, vergessen Sie dies nicht! Natürlich kam es Henderson nicht in den Sinn, vom Zaren, seinem Patron und Verbündeten, zu verlangen, dass er die russischen Truppen aus Georgien oder aus anderen von ihm unterworfenen Territorien fortführe. Die Verlegung derartiger Forderungen hätte er zu jener Zeit als die Erweisung eines Dienstes an den deutschen Militarismus bezeichnet. Jede revolutionäre, gegen den Zaren gerichtete Bewegung in Georgien betrachtete er ebenso wie einen Aufstand in Irland, d.h. als Resultat deutscher Bestechung und deutscher Intrige. In der Tat, es kann einem schwindlig werden von diesen ungeheuerlichen, zum Himmel schreienden Widersprüchen und Ungereimtheiten! Und doch liegen sie in der Ordnung der Dinge begründet. Denn die Herrschaft Großbritanniens, d.h. seiner regierenden Spitzen, über ein Viertel der Menschheit betrachten die Henderson nicht als eine Frage der Politik, sondern als eine Tatsache der Naturgeschichte. Die antidemokratische Ansicht der Exploiteure, Plantagenbesitzer und Parasiten über jene Rassen, die sich durch ihre Hautfarbe unterscheiden, Shakespeare nicht lesen und keine gebügelten Kragen tragen, hat diese Demokraten ganz durchdrungen, die im Banne der bürgerlichen öffentlichen Meinung standen und stehen bleiben werden, trotz ihres ganzen fabianischen, schlechtsaftigen, ohnmächtigen Sozialismus.

Und siehe da, trotzdem sie das zaristische Georgien, Irland, Ägypten, Indien hinter sich haben, sind sie so verwegen, von uns, ihren Gegnern, und nicht ihren Verbündeten, eine Säuberung Sowjetgeorgiens zu fordern. In dieser unsinnigen, durch und durch insolventen Forderung ist jedoch – so unerwartet einem dies auch auf den ersten Blick erscheint! – ein unwillkürlicher Tribut der Achtung vonseiten der kleinbürgerlichen Demokratie vor der proletarischen Diktatur enthalten. Sich dessen nicht bewusst oder nur zur Hälfte bewusst, sagen die Henderson und Co.:

„Selbstverständlich kann man von einer bürgerlichen Demokratie, zu deren Ministern wir werden, wenn sie uns hierzu auffordert, nicht verlangen, dass sie ernsthaft mit dem demokratischen Prinzip der Selbstbestimmung rechne; von uns, den Sozialisten dieser Demokratie, den respektablen Bürgern der herrschenden Nation, die ihre Sklavenherrschaft mit demokratischen Fiktionen verhüllt, darf man nicht verlangen, dass wir ernsthaft und durch die Tat den Kolonialsklaven helfen, sich gegen die Sklavenbesitzer zu erheben. Ihr aber, die im Staate Fleisch gewordene Revolution, seid verpflichtet, zu tun, was wir aus Feigheit, Verlogenheit und Heuchelei nicht zu tun vermögen."

Mit anderen Worten, indem sie die Demokratie formal über alles stellen, geben sie absichtlich oder unwillkürlich zu, dass man an die Diktatur des Proletariats so hohe Forderungen stellen könne und müsse, die lächerlich und einfach dumm erscheinen würden, wenn man sie an eine bürgerliche Demokratie richten wollte, in deren Dienst sie selbst als Minister oder loyale Deputierte stehen.

Darum verleihen sie ihrer unwillkürlichen Verehrung der von ihnen abgelehnten proletarischen Diktatur jene Form, die ihrem politischen Gestammel eigen ist. Sie verlangen, dass die Diktatur sich nicht mit ihren eigenen Mitteln befestige und verteidige, sondern mit jenen Mitteln, die sie in Worten als für die Demokratie verpflichtend anerkennen, die sie aber niemals verwirklichen. Wir haben hiervon schon im ersten Manifest der Kommunistischen Internationale gesprochen: unsere Feinde verlangen von uns, dass wir unser Leben nicht in anderer Weise verteidigen als nach den konventionellen Regeln des Ringkampfes, d. h. nach jenen Regeln, die von unseren Feinden geschaffen sind, die sie aber im Kampfe gegen uns für sich selbst nicht als bindend betrachten.

* * *

Um die Vorstellung von der Politik der „westlichen Demokratien gegenüber den zurückgebliebenen Völkern, sowie in Bezug auf jene Rolle aufzufrischen und zu konkretisieren, die in dieser Politik die Leute von der Zweiten Internationale spielen, muss man die Erinnerungen der ehemaligen französischen Gesandten am Zarenhof, des Herrn Paléologue, lesen. Wenn es dieses Buch nicht gäbe, so müsste es erfunden werden. Man müsste auch den Paléologue selbst erfinden, wenn er durch sein rechtzeitiges Erscheinen auf der Arena der Memoirenliteratur uns nicht dieser Mühe überhoben hätte. Paléologue ist ein vollendeter Vertreter der Dritten Republik – nicht nur mit einem byzantinischen Familiennamen, sondern auch mit einer durch und durch byzantinischen Seele. Im November 1914, in der ersten Kriegsperiode, wird ihm durch eine Hofdame, auf Weisung von „Allerhöchst" (offenbar von der Zarin), eine fromme, handschriftliche Instruktion Rasputins überreicht. Herr Paléologue, Vertreter einer Republik, antwortet auf die strenge Belehrung Rasputins mit folgendem Brief:

„Das französische Volk, das über Herzenstakt verfügt, versteht sehr gut, dass das russische Volk seine Liebe zum Vaterland in der Person des Zaren verkörpert sieht."

Dieser Brief eines republikanischen Diplomaten, der darauf berechnet ist, zum Zaren zu gelangen, wurde geschrieben zehn Jahre nach dem 9. Januar 1905 und 122 Jahre danach, als die Erste Französische Republik dem Louis Capet den Kopf abschlug, in dessen Person, nach Ansicht der damaligen Paléologuen, das französische Volk seine Liebe zum Vaterland verkörpert sah. Verblüffend ist nicht der Umstand, dass Herr Paléologue, der Ordnung der geheimen diplomatischen Ehrlosigkeit folgend, sich freiwillig den Schmutz des Hofes auf seinem republikanischen Gesicht breitschmierte; verblüffend ist der Umstand, dass er diese schändliche Arbeit aus eigener Initiative offen zur Kenntnis eben jener Demokratie bringt, die er in so geringwertiger Legierung beim Hofe Rasputins vertrat. Und das hindert ihn nicht daran, bis auf den heutigen Tag ein Politiker der „demokratischen Republik" zu bleiben und in ihr einen verantwortlichen Posten zu bekleiden! Das *wäre* verblüffend, wenn wir nicht die Entwicklungsgesetze der bürgerlichen Demokratie kennen würden, die sich bis zu einem Robespierre erhoben hat, um mit einem Paléologue zu enden.

Hinter der Offenherzigkeit des ehemaligen Gesandten ist aber aller Wahrscheinlichkeit nach eine höhere Art byzantinischer Schlauheit versteckt. Er erzählt uns so viel, um nicht alles erzählen zu müssen. Vielleicht schläfert er nur unsere argwöhnische Wissbegier ein. Wer weiß, was für Forderungen der eigensinnige und allmächtige Rasputin an ihn richtete? Und wer weiß, auf welchen komplizierten Wegen Paléologue die Interessen Frankreichs und der Zivilisation sicherstellen musste?

Auf jeden Fall können wir einer Sache sicher sein: Herr Paléologue gehört heute zu jener französischen politischen Gruppe, die zu schwören bereit ist, dass die Sowjetmacht nicht den wahren Willen des russischen Volkes darstellt, und die nicht müde wird, zu wiederholen, dass eine Erneuerung der Beziehungen zu Russland erst dann möglich sein wird, wenn „richtig funktionierende Institutionen der Demokratie" die Verwaltung Russlands russischen Paléologuen übergeben haben werden.

Der Gesandte der französischen Demokratie steht nicht vereinzelt da. Neben ihm stand Sir Buchanan. Am 14. November 1914 schrieb Buchanan, nach Paléologues Erzählung, an Sasonow: „Die Regierung Ihrer Britischen Hoheit ist zur Anerkennung dessen gelangt, daß die Frage der Meerengen und Konstantinopels in Uebereinstimmung mit den Wünschen Russlands gelöst werden muß. Ich bin glücklich, Ihnen dies erklären zu können." So wurde der Grundstein gelegt für das Programm des Krieges des Rechtes, der Gerechtigkeit und der nationalen Selbstbestimmung. Vier Tage später schrieb Buchanan an Sasonow: „Die britische Regierung sieht sich gezwungen Aegypten zu annektieren. Sie bringt die Hoffnung zum Ausdruck, daß die russische Regierung sich dem nicht entgegensetzen werde." Sasonow beeilte sich, sich einverstanden zu erklären. Wieder drei Tage später „erinnerte" Paléologue Nikolai II.: „Frankreich hat in Syrien und Palästina einen kostbaren Besitz an historischen Erinnerungen(!), sowie auch moralische (!!) und materielle Interessen". Er, Paléologue, hoffe, dass Seine Majestät jene Maßnahmen gutheißen werde, die die Regierung der Republik (immer noch der gleichen, d.h. der demokratischen) für die, Erhaltung dieses Besitzes für notwendig halten wird.

„Oui, certes" (Ja, natürlich), antwortete Seine Majestät.

Endlich, am 12. März 1915, verlangt Buchanan, dass Russland a conto Konstantinopels und der Meerengen an England die neutralen, d.h. noch nicht aufgeteilten Teile Persiens abtreten solle. Sasonow antwortet: „C'est entendu." (Einverstanden.)

Auf diese Weise entschieden die zwei Demokratien gemeinsam mit dem Zarismus, der ja auch in jener Epoche durch die von der Entente ausgehenden Strahlen demokratischen Lichtes übergossen war, die Schicksale Konstantinopels, Syriens, Palästinas, Ägyptens und Persiens. Herr Buchanan vertrat die großbritannische Demokratie nicht besser und nicht schlechter als Herr Paléologue die französische. Nach dem Sturze Nikolais II. behielt Buchanan seinen Posten bei. Henderson, Minister Seiner Majestät und, wenn ich nicht irre, großbritannischer Sozialist, traf zur Zeit des Kerenski Regimes in Petrograd ein, um im Fall der Notwendigkeit Buchanan abzulösen, da irgendjemand in der englischen Regierung glaubte, dass man für Gespräche mit Kerenski eine andere Schattierung der Stimme haben müsse als für Gespräche mit Rasputin. Henderson schaute sich in Petersburg um und fand, dass Buchanan als Vertreter der großbritannischen Demokratie dort vollständig am Platze war. Buchanan hatte zweifellos von dem Sozialisten Henderson die gleiche Meinung.

Wenigstens stellte Paléologue „seine" Sozialisten den frondierenden zaristischen Würdenträgern als Beispiel hin. Anlässlich der am Hofe betriebenen „Agitation" des Grafen Witte für eine möglichst schnelle Beendigung des Krieges schrieb Paléologue an Sasonow: „Sehen Sie unsere Sozialisten an; sie trifft kein Vorwurf." (S. 189.) Diese Bewertung der Herren Renaudel, Longuet, Vandervelde und aller ihrer

Gesinnungsgenossen durch den Herrn Paléologue macht, nach allem von uns Erlebten, auch heute noch einen gewissen Eindruck. Indem Paléologue Instruktionen von Rasputin erhielt und ihren Empfang höflich quittierte, bewertete er seinerseits vor dem Zarenminister die französischen Sozialisten in beschützender Weise und erkannte sie als vorwurfsfrei an. Diese Worte: „Voyez nos socialistes – ils sont impeccables" sollte man in ein Epigraph verwandeln und auf die Fahne der Zweiten Internationale schreiben, von der schon lange die Worte von der Vereinigung der Proletarier der ganzen Welt entfernt sein sollten, die Henderson ebenso wenig zu Gesicht stehen, wie die phrygische Mütze dem Herrn Paléologue.

Die Henderson halten die Herrschaft der angelsächsischen Rasse über die anderen Rassen für eine natürliche Tatsache, für eine Voraussetzung der menschlichen Zivilisation. Die Frage der nationalen Selbstbestimmung beginnt für sie im Grunde erst jenseits der Grenzen des großbritannischen Reiches. Dieser nationale Hochmut verschwägert die Sozialpatrioten des Westens am stärksten mit ihrer Bourgeoisie, d.h. er macht sie faktisch zu Fronknechten ihrer Bourgeoisie. Ganz zu Beginn des Krieges hat in Beantwortung auf den natürlichen Vorhalt, wie man von der Verteidigung der Demokratie sprechen könne, wenn man mit dem Zarismus verbündet sei, ein französischer Sozialist, Professor einer Schweizer Universität, buchstäblich folgendes geantwortet: „Es handelt sich hier um Frankreich und nicht um Rußland; Frankreich ist in diesem Kampfe eine moralische Macht, Rußland eine physische Macht." Er sagte dies wie etwas ganz Natürliches und war sich des schamlosen Chauvinismus dieser Worte gar nicht bewusst. Etwa zwei Monate später zitierte ich in einem Streit über das gleiche Thema in der Redaktion der „Humanité" in Paris die Worte des französischen Professors in Genf. – „Er hat vollständig recht", antwortete der damalige Hauptredakteur der Zeitung.

Ich erinnere mich an einen Satz des jungen Renan, dass der Tod eines Franzosen ein moralisches Ereignis ist, während der Tod eines Kosaken (Renan möchte einfach sagen: eines Russen) eine Tatsache physischer Ordnung ist. Dieser ungeheuerliche nationale Hochmut hat seine tiefen Ursachen. Die französische Bourgeoisie hatte bereits eine reiche Geschichte hinter sich zu einer Zeit, da die anderen Völker noch in halbmittelalterlicher Barbarei verharrten. Die englische Bourgeoisie bahnte noch früher die Wege für eine neue Zivilisation. Hieraus geht das verächtliche Verhalten zu der übrigen Menschheit, als dem historischen Dünger, hervor. Durch ihre Klassenselbstsicherheit, durch den Reichtum ihrer Erfahrung, durch die Mannigfaltigkeit ihrer kulturellen Eroberungen unterdrückte die britische Bourgeoisie in geistiger Hinsicht ihre eigene Arbeiterklasse, indem sie sie mit der Psychologie der herrschenden Rasse vergiftete.

Aus dem Munde Renans war der Satz vom Franzosen und Kosaken der zynische Ausdruck des Hochmutes einer materiell und geistig wirklich mächtigen Klasse. Die Modifizierung des gleichen Satzes durch einen französischen Sozialisten war bezeichnend für das niedrige Niveau des französischen Sozialismus, seine ideelle Armut, seine rein lakaienhafte Abhängigkeit von den geistigen Speiseresten vom herrschaftlichen Tisch der Bourgeoisie.

Wenn Paléologue, Renan in gemilderter Form wiederholend, sagt, dass der Tod eines Franzosen einen unvergleichlich größeren Verlust für die Kultur bedeute als der Tod eines Russen, so sagt der gleiche Paléologue, oder er meint es wenigstens, dass der Untergang eines französischen Börsenmenschen, Millionärs, Professors, Advokaten, Diplomaten, Journalisten im Kriege einen unvergleichlich größeren Verlust für die Kultur bedeute als der Tod eines französischen Drechslers, Textilarbeiters, Chauffeurs oder Bauern. Das eine geht unvermeidlich aus dem andern hervor. Der nationale Aristokratismus widerspricht im Grunde dem Sozialismus – nicht in jenem nivellierend – verwässernden christlichen Sinne, dass alle Nationen, alle Menschen auf der Waage der Kultur gleichwertig seien, sondern in dem Sinne, dass der nationale Aristokratismus, der unzertrennlich mit dem bourgeoisen Konservatismus verknüpft ist, voll und ganz gegen einen revolutionären Umsturz, der allein fähig ist, neue Bedingungen für eine höhere menschliche Kultur zu schaffen, gerichtet ist. Der nationale Aristokratismus betrachtet den Kulturwert des Menschen unter dem Gesichtswinkel der Anhäufung von Vergangenheit. Der Sozialismus betrachtet den Kulturwert der Menschen unter dem Gesichtspunkt der Zukunft. Es besteht gar kein Zweifel darüber, dass der französische Diplomat Paléologue mehr von ihm aufgesaugte Kulturgüter ausstrahlt als ein Bauer aus dem Gouvernement Tambow. Andererseits besteht aber kein Zweifel darüber, dass der Bauer aus dem Gouvernement Tambow, der die Gutsbesitzer und die Diplomaten mit dem Knüttel davonjagt, die Grundlagen für eine neue, höhere Kultur legt. Der französische Arbeiter und der französische Bauer werden diese Arbeit dank ihres höheren Kulturniveaus besser ausführen und schneller vorwärts kommen.

Wir russischen Marxisten haben infolge der zurückgebliebenen Entwicklung Russlands keine mächtige bourgeoise Kultur über uns stehen gehabt. Wir nahmen an der europäischen Geisteskultur teil nicht durch Vermittlung unserer kläglichen Nationalbourgeoisie, sondern selbständig, indem wir die revolutionärsten Schlussfolgerungen der europäischen Erfahrung und des europäischen Gedankens uns zu eigen machten und zu Ende führten. Dies hat unserer Generation manche Vorzüge gegeben. Und ich will nicht verschweigen: jener aufrichtige und tiefe Enthusiasmus, mit dem wir uns zu den Leistungen des britischen Genius auf den verschiedensten Gebieten des menschlichen Schaffens verhalten, hebt umso schärfer und erbarmungsloser jene Verachtung hervor, die auch aufrichtig und tief ist, mit der wir uns zu der ideellen Beschränktheit, der theoretischen Dummheit und dem Mangel an revolutionärer Würde bei den patentierten Führern des britischen Sozialismus verhalten. Sie sind durchaus keine Verkünder einer neuen Welt; sie sind nur Epigonen einer alten Kultur, die in ihrer Person um ihr weiteres Schicksal besorgt ist.

Und die geistige Dyskrasie dieser Epigonen ist gewissermaßen eine Vergeltung für die stürmische und üppige Vergangenheit der bourgeoisen Kultur.

* * *

Das bourgeoise Bewusstsein hat die ungeheuren kulturellen Eroberungen der Menschheit in sich aufgesogen. Zu gleicher Zeit ist es heute das Haupthindernis auf dem Wege der Entwicklung der menschlichen Kultur.

Eine der wichtigsten Eigenschaften unserer Partei, die sie zum wichtigsten Hebel der Entwicklung in unserer Epoche macht, besteht in ihrer vollen und absoluten Freiheit von der öffentlichen Meinung der

Bourgeoisie. Diese Worte bedeuten viel mehr, als es auf den ersten Blick scheinen möchte. Sie bedürfen einer Erläuterung, besonders wenn man einen so undankbaren Teil des Auditoriums im Auge hat, wie es die Politiker der Zweiten Internationale sind. Hier muss man jeden revolutionären Gedanken, sogar den einfachsten, gründlich festnageln.

Die bourgeoise öffentliche Meinung ist ein dichtes psychologisches Gewebe, das von allen Seiten her die Waffen und Werkzeuge der bourgeoisen Gewalt umhüllt und sie dadurch sowohl gegen viele einzelne Stöße, als auch gegen einen fatalen revolutionären Stoß schützt, der letzten Endes doch unvermeidlich ist. Die wirkende bourgeoise öffentliche Meinung besteht aus zwei Teilen: aus den ererbten Anschauungen, Wertungen, Vorurteilen, die den Erfahrungsniederschlag der Vergangenheit, eine feste Schicht zweckmäßiger Banalität und nützlichen Stumpfsinns darstellen, und aus der komplizierten, mechanisierten, kunstvoll gelenkten, ganz modernen Technik der Mobilmachung des patriotischen Pathos, der sittlichen Empörung, des nationalen Enthusiasmus, des altruistischen Triebes und anderer Arten von Lüge und Betrug. Das ist die allgemeine Formel. Es bedarf jedoch erläuternder Beispiele.

Wenn in einem Gefängnis des hungernden Russlands ein Kadettenadvokat, der auf Frankreichs oder Englands Veranlassung sich an der Vorbereitung einer Schlinge für die Arbeiterklasse beteiligte, am Typhus im Sterben liegt, dann produziert der Telegraph und der drahtlose Telegraph der bourgeoisen öffentlichen Meinung eine solche Anzahl von Schwingungen, die vollständig dafür genügen würde, um eine zweckmäßige Empörungsreaktion in dem hierfür genügend vorbereiteten Kollektivbewusstsein der Mistress Snowden hervorzurufen. Es ist ganz klar, dass die ganze teuflische Arbeit des kapitalistischen Radios und der Telegraphie nutzlos wäre, wenn der Schädel der Kleinbourgeoisie kein mit ihr harmonierender Resonanzboden wäre.

Nehmen wir eine andere Erscheinung: der Hunger im Wolgagebiet. In seinen heutigen Formen nie dagewesenen Schreckens ist dieser Hunger zum mindesten zur Hälfte ein Resultat des Bürgerkrieges, der an der Wolga durch die Tschechoslowaken und Koltschak angestiftet wurde, d.h. tatsächlich durch englisch-amerikanisches und französisches Kapital organisiert und genährt wurde. Die Dürre traf auf einen Boden, der schon vorher erschöpft, zerstört und des Arbeitsviehs, des Arbeitsgeräts und jeglicher Vorräte beraubt war. Wenn wir diese oder jene Offiziere und Advokaten im Gefängnis einsperrten, was wir durchaus nicht als ein Beispiel von Humanität hinstellen, so hat ja auch das bourgeoise Europa und mit ihm zusammen Amerika danach gestrebt, das ganze Hundertmillionen-Russland in ein Hungergefängnis zu verwandeln; sie umzingelten uns mit der Mauer der Blockade, und zu gleicher Zeit, durch Vermittlung ihrer weißen Agenten, sprengten, verbrannten, vernichteten sie unsere minimalen Vorräte. Wenn irgendjemand eine Waage der reinen Moral zur Verfügung hat, so möge er auf ihr einerseits die rauen Maßnahmen wägen, die wir im Todeskampfe gegen die ganze Welt anwendeten, und andererseits jene Leiden, die, auf der Suche nach nichtbezahlten Prozenten, das ganze Weltkapital über die Häupter der Wolgamütter hereinbrechen ließ. Aber die Maschine der bourgeoisen öffentlichen Meinung funktioniert so systematisch, selbstsicher, frech, und der kleinbourgeoise Kretinismus ist für sie ein so unschätzbarer Resonanzboden, dass schließlich Mistress Snowden den Hauptvorrat ihrer Menschenliebe – den durch uns beleidigten Agenten des Imperialismus zuwendet.

Die Anbetung der bourgeoisen öffentlichen Meinung zieht für die Tätigkeit der Sozialreformisten unüberschreitbare Grenzen, die viel enger sind als die Grenzen der bourgeoisen Legalität. Man kann für die heutigen kapitalistischen Staaten das Gesetz feststellen, dass ihr Regime desto „demokratischer", „liberaler", „freier" ist, je respektabler die nationalen Sozialisten sind, je stumpfsinniger die Anbetung der öffentlichen Meinung der Bourgeoisie durch die nationale Arbeiterpartei ist. Wozu braucht man über Macdonald einen äußeren Gendarmen einzusetzen, wenn schon in ihm selbst ein innerer sitzt?

Hier kann man die Frage nicht umgehen, deren Erwähnung allein schon eine Bedrohung der Respektabilität ist: wir meinen die Religion. Es ist noch nicht so lange her, dass Lloyd George die Kirche eine zentrale Kraftstation aller Parteien und Strömungen, d.h. der bourgeoisen öffentlichen Meinung als Ganzes, nannte. Für England ist dies besonders richtig. Nicht in jenem Sinne natürlich, als ob Lloyd George die wirklichen Inspirationen für seine Politik von der Religion erhielte, der Hass Churchills gegen Sowjetrussland durch das ungeduldige Streben, ins Himmelreich zu gelangen, hervorgerufen würde, und die Noten Lord Curzons unmittelbar aus der Bergpredigt geschöpft würden. Nein, die treibende Kraft ihrer Politik sind die sehr irdischen Interessen ihrer Bourgeoisie, die sie an die Macht gestellt hat. Aber jene „öffentliche Meinung", die überhaupt nur die normale Arbeit des Mechanismus des Staatszwanges möglich macht, findet ihre wichtigste Ressource in der Religion. Die Rechtsnorm, die über die Menschen, über die Klassen, über die Gesellschaft gestellt ist als die ideale Peitsche, ist nur eine fade Umgestaltung der religiösen Norm, dieser himmlischen Peitsche, die über der exploitierten Menschheit erhoben wird. Letzten Endes ist es eine hoffnungslose Sache, in der Seele eines arbeitslosen Dockers die Unantastbarkeit der demokratischen Legalität durch die Kraft formaler Argumente aufrechtzuerhalten. Hier braucht man vor allem ein materielles Argument – den Polizisten mit dem Gummiknüttel hier auf Erden; und über ihm – als mystisches Argument, den ewigen Polizisten mit dem Blitz in der Hand im Himmel. Wenn aber im Kopfe selbst von „Sozialisten" der Fetischismus der bourgeoisen Legalität sich mit dem Fetischismus der Epoche der Druiden vereint, so ergibt sich ja gerade als Resultat hiervon der ideale innere Gendarm, unter dessen Mitwirkung die Bourgeoisie (vorläufig) sich den Luxus einer annähernden Einhaltung des demokratischen Rituals gestatten kann.

Wenn wir von den Verrätereien und der Untreue der Sozialreformisten sprechen, so wollen wir damit durchaus nicht sagen, dass sie alle, oder wenigstens die Mehrzahl von ihnen, einfach verkäufliche Seelen seien. In dieser Form wären sie gar nicht für jene Rolle geeignet, die ihnen die bourgeoise Gesellschaft einräumt. Es ist sogar nicht wichtig, in welchem Maße ihr respektables Ehrgefühl des Kleinbourgeois sich durch den Titel eines Deputierten der loyalen Opposition oder durch das Portefeuille eines königlichen Ministers geschmeichelt fühlt. Obwohl hierin natürlich kein Mangel besteht.

Es genügt, dass die bürgerliche öffentliche Meinung, die ihnen in ruhigen Tagen gestattet, sich in der Opposition zu befinden, in der entscheidenden Minute, wenn es sich um Leben und Tod der bourgeoisen Gesellschaft oder wenigstens um ihre wichtigsten Interessen handelt – Krieg, Aufstand in Irland oder Indien, ein mächtiger Bergarbeiterstreik, die Sowjetrepublik in Russland –, sich stets als fähig erwiesen hat, sie zur Einnahme jener politischen Position zu veranlassen, die für die kapitalistische Ordnung erforderlich ist. Ohne im Geringsten den Wunsch zu haben, der Persönlichkeit Mister Hendersons die ihr gar nicht eigenen titanischen Ausmaße zu verleihen, können wir mit Sicherheit sagen, dass Mister Henderson mit dem Koeffizienten „Arbeiterpartei" die wichtigste Stütze der bourgeoisen Gesellschaft in England ist. In den Köpfen der Henderson aber werden die Hauptelemente der bourgeoisen Erziehung und die Bruchstücke des Sozialismus durch den traditionellen Zement der Religion zu einem Ganzen verkittet. Die Frage der sozialen Befreiung des englischen Proletariats kann nicht ernst gestellt werden, solange die Arbeiterbewegung nicht von Führern, Organisationen, Gesinnungen gesäubert wird, die eine erniedrigte, furchtsame, sklavische, feige, gemeine Anbetung der öffentlichen Meinung der Unterdrücker durch die Unterdrückten enthält. Zuerst muss der innere Gendarm ausgetrieben werden, damit man den äußeren stürzen kann!

Die Kommunistische Internationale lehrt die Arbeiter die bourgeoise öffentliche Meinung und vor allem jene „Sozialisten" verachten, die vor den Geboten der Bourgeoisie auf dem Bauche kriechen. Es handelt sich nicht um zur Schau getragene Verachtung, nicht um lyrische Tiraden und Verwünschungen – die Dichter der Bourgeoisie selbst haben mehr als einmal die Nerven derselben mit ihren frechen Herausforderungen besonders in Fragen der Religion, der Familie und der Ehe gekitzelt –, es handelt sich um die tiefe innere Freiheit der proletarischen Avantgarde von den geistigen Fallen und Schlingen der Bourgeoisie, um die neue revolutionäre öffentliche Meinung, die dem Proletariat gestatten würde, nicht durch Worte, sondern durch Taten, nicht durch Tiraden, sondern, wenn es nötig ist, mit den Stiefeln die Gebote der Bourgeoisie zu zertreten, indem es das sich frei gesetzte revolutionäre Ziel verwirklicht, das zu gleicher Zeit eine objektive Forderung der Geschichte ist.

Aufruf des Sowjetkongresses Georgiens an die Werktätigen der ganzen Welt

Wir, die Vertreter der werktätigen Massen, die wir uns zum ersten Sowjetkongress Georgiens versammelt haben, entsenden, gleichzeitig mit einem brüderlichen Gruß an alle Werktätigen, Unterdrückten und gegen die Ausbeuter der ganzen Welt Kämpfenden einen entrüsteten Protest gegen die Unterdrücker und ihre Helfershelfer, die gerade gegenwärtig unter der Flagge angeblicher Sympathien für ein „unabhängiges Georgien" neue Attentate gegen die von uns eroberte Arbeiter- und Bauernmacht vorbereiten.

Georgien gehörte dem Bestande des Zarenreiches an, das durch die Ketten der Gewaltherrschaft zusammengeschmiedet war. Die werktätigen Massen Georgiens führten, in voller Einmütigkeit mit der Arbeiterklasse ganz Russlands, im Laufe einer Reihe von Jahren einen unversöhnlichen Kampf gegen die zaristische Selbstherrschaft, den gutsherrlichen Grundbesitz und die bourgeoise Exploitation. Der Mangel an politischer Erfahrung unter den werktätigen Massen Georgiens führte dahin, dass die Leitung des politischen Kampfes für eine Reihe von Jahren in die Hände der kleinbourgeoisen georgischen Intelligenz geriet, die unter der Flagge des Menschewismus dem Kampfe der werktätigen Massen die Spitze abbrach, indem sie nach Kompromiss und Verständigung mit der Autokratie, mit den Gutsbesitzern und im Besonderen mit der Bourgeoisie trachtete.

Während des imperialistischen Krieges vergiftete die in Georgien herrschende menschewistische Partei das Bewusstsein der werktätigen Massen mit dem Gift des bourgeoisen Patriotismus, indem sie in dieser Hinsicht mit den verräterischen Führern der Zweiten Internationale gemeinsame Sache machte.

Die Märzrevolution 1917, die den Zarismus stürzte, brachte zeitweilig die kleinbourgeoisen Parteien der Menschewiki und Sozialrevolutionäre in ganz Russland zur Macht. In ihrer Mitte spielten eine wichtige Rolle die Führer des georgischen Menschewismus: Tschcheidse, Zeretelli u.a.

Auf dem Gebiete der internationalen Politik war die Losung der Menschewiki, wie auch die aller übrigen kleinbourgeoisen Parteien, die *Fortführung des Krieges* Hand in Hand mit den imperialistischen Ländern der Entente.

Auf sozialem Gebiete traten die Menschewiki für die *Wahrung der bourgeoisen Ordnung* ein.

Auf politischem Gebiet hielten sie es für notwendig, die Herrschaft der Bourgeoisie durch die *„demokratische Republik"* zu verschleiern, die, wie die Erfahrung der ganzen Welt gezeigt hat, nur eine Maschine in den Händen der herrschenden kapitalistischen Clique ist.

Auf nationalem Gebiet haben die Menschewiki, zusammen mit allen bourgeoisen und kleinbourgeoisen Parteien, den *nationalen Forderungen* der Finnen, Ukrainer und anderer Nationalitäten, die in dem Zarengefängnis eingeschlossen waren, entschiedenen *Widerstand* entgegengesetzt.

In Georgien selbst bremsten die Menschewiki mit allen Mitteln den Kampf der werktätigen Massen gegen ihre Unterdrücker, sie hinderten die Lösung der Agrarfrage, hielten die alten Gewaltmenschen der Epoche des Zarismus im Dienste zurück usw.

Die Presse der Menschewiki konzentrierte, gemeinsam mit der offenkundig bourgeoisen Presse, ihre Hauptbemühungen auf die Hetze und Verleumdung gegen die Bolschewiki, die sie den Arbeitern und Bauern als Feinde der Revolution und als Agenten des deutschen Militarismus darstellten. Wohl kaum hat die Geschichte des politischen Kampfes eine gemeinere, ehrlosere, böswilligere Verleumdung gesehen!

Nach dem fast blutlosen Oktoberumsturz in Petrograd, der das morsch gewordene Regime Kerenski-Zeretelli stürzte, wurden die kaukasischen Menschewiki zu Führern des Bürgerkrieges, der im ganzen Lande die Menschewiki, Sozialrevolutionäre, Kadetten und alle Schwarzhunderter in einem gemeinsamen Lager gegen die Arbeiter- und Bauernsowjets vereinte.

Als die Arbeiter, alle Hindernisse überwindend, fast im ganzen Lande siegten, spalteten die Menschewiki Transkaukasien von der

Sowjetrepublik ab, indem sie es in einen selbständigen bourgeoisen Staat zu verwandeln bemüht waren. Mit der Arbeiterklasse Russlands brechend gingen sie von nun an Hand in Hand mit der bourgeois-gutsherrlichen Meute, die repräsentiert war durch die georgischen Nationalisten, die armenischen Daschnaken und die aserbaidschanischen Mussawatisten. Ganz Transkaukasien verwandelte sich unter der Führung der Menschewiki in gegenrevolutionäre Schützengräben, um hier die sich entwickelnde Bauern- und Arbeiterrevolution zu erdrücken.

Auf diese Weise trat im Innern Transkaukasiens, das nicht aus nationalen, sondern aus Klassenmotiven von Russland losgerissen wurde, unter der Führung der Menschewiki eine Diktatur der Exploiteure über die Werktätigen ein. Die Menschewiki bemächtigten sich des administrativ-polizeilichen Apparates, sie gaben in ganz Transkaukasien den Ton an, herrschten unbeschränkt in Georgien.

Das Eindringen der Türken und Deutschen in Transkaukasien verschärfte den Kampf zwischen den verschiedenen nationalen Teilen der bourgeoisen und kleinbourgeoisen Front. Die georgischen Menschewiki hielten den Moment als geeignet dafür, um Transkaukasien zu zergliedern und eine angebliche Unabhängigkeit Georgiens zu proklamieren. In den Truppen des Kaisers und des Sultans eine zuverlässige Garantie gegen die Gefahren des Nordens sehend, rechneten die georgischen Menschewiki erbarmungslos mit den Arbeiterstreiks ab und mit den ununterbrochen aufflammenden Bauernaufständen in den verschiedenen Teilen des Landes. Wie früher die georgischen Menschewiki, in der Person von Tschcheidse und Zeretelli, die Selbstbestimmung des finnischen und ukrainischen Volkes zu unterdrücken suchten, so rechneten sie jetzt, innerhalb der Grenzen Georgiens, mit Feuer und Schwert mit den nationalen Bestrebungen der Abchasen, Adsharen und Ossetinen ab.

Die Vernichtung des deutschen Militarismus führte nur zu einem Wechsel des Herrn des menschewistischen Georgiens, ohne seine internationale oder innere Politik zu verändern. Jetzt wurden die Menschewiki zu einer Waffe in den Händen der Imperialisten der Entente. Sie hielten eine ununterbrochene Verbindung mit allen gegenrevolutionären Mächten Südrusslands aufrecht. Sie verzichteten auf keine einzige Maßnahme, die Sowjetrussland Schaden zufügen konnte.

Die Kommunistische Partei wurde von ihnen natürlich endgültig ins Kellerloch getrieben, und die Besondere Abteilung trat zum Ruhme der bourgeoisen Republik in Aktion. Das Verweilen der englischen Okkupationstruppen in Batum machte die Politik der georgischen Menschewiki in Bezug auf Sowjetrussland zu einer besonders frechen und provokatorischen. Denikin hatte in Gestalt des „demokratischen" Georgiens die zuverlässigste Rückendeckung.

Die Vernichtung der Denikinarmee durch die roten Truppen und die Annäherung dieser letzteren an Transkaukasien Anfang 1920 erschütterte sofort die illusorische Herrschaft der nationalistischen Partei in Transkaukasien. Die werktätigen Massen wurden von tiefem revolutionären Schwung erfasst. Schon in dieser Periode konnte die Rote Armee als ersehnte Erlöserin vom menschewistisch-ententistischen Joch in Georgien einrücken. Die der Avantgarde angehörenden Arbeiter und Bauern warteten mit Ungeduld hierauf und riefen beharrlich die Sowjetregierung um Hilfe an.

Da die Regierung Sowjetrusslands das Blut der Arbeiter und Bauern nicht vergießen wollte und die Herstellung eines sicheren Friedens zwischen den Arbeitern und Bauern Georgiens und Russlands herbeisehnte, gebot sie dem Einmarsch der roten Truppen in Georgien halt, und stattdessen wurde im Mai 1920 der Friedensvertrag geschlossen.

Aber die Menschewiki begannen vom ersten Tage der Unterschreibung des Friedensvertrages mit der R.S.F.S.R. an, diesen systematisch zu verletzen, indem sie heimlich und offen alle Feinde Sowjetrusslands unterstützten, in der Hoffnung, dass die Sowjetmacht gestürzt und die Arbeiter- und Bauernrevolution in Russland endgültig unterdrückt werden würde. Aber diese Herrschaften haben sich in ihren Berechnungen schwer getäuscht.

Die Liquidierung des polnischen Krieges und die Vernichtung Wrangels im Herbst 1920 mussten unvermeidlich einen Zusammenbruch der georgischen Flanke der gegenrevolutionären Front herbeiführen. Nach dem Versuch einer Verständigung mit den georgischen Menschewiki, die zu unerhörtem Treubruch und Verrat führte, konnte die R.S.F.S.R. sich nicht von dem Kampfe fernhalten, den die werktätigen Massen Georgiens gegen die Regierung der Menschewiki führten, und es ist ganz natürlich, dass die bewaffneten Arbeiter und

Bauern der Sowjetföderation den gegen die Bourgeoisie und die Gutsbesitzer aufständisch gewordenen werktätigen Massen Georgiens zu Hilfe kamen.

Die roten Regimenter marschierten in das vom revolutionären Aufstand ergriffene Land als Befreier ein. Die von den Menschewiki geschaffene georgische Nationalarmee weigerte sich in ihrer erdrückenden Mehrzahl, gegen die roten Truppen zu kämpfen und verbrüderte sich mit ihnen. Die Regierung der Menschewiki, die sich durch den Verrat an der Revolution befleckt hatte, wurde hinausgeworfen rund floh auf den Schiffen der Entente, indem sie den Staatsschatz des georgischen Volkes mit sich fortführte.

Heute wird dieser Staatsschatz dafür verausgabt, um die verbündeten Sowjetrepubliken und die Rote Armee zu verleumden. Die Führer der Zweiten Internationale – Kautsky, Henderson, Macdonald, Huysmans und viele andere – bringen einstimmig mit den führenden imperialistischen Politikern und den Zeitungen der Weltbörse der georgischen „Demokratie" gegenüber, die angeblich durch den Sowjetimperialismus zu Boden getreten sein soll, ihre Sympathien zum Ausdruck.

Wir, die Vertreter der wirklichen werktätigen Massen Georgiens, wir, seine Arbeiter und Bauern, versammelt auf unserem Sowjetkongress, brandmarken diese schmähliche internationale Komödie der Gemeinheit und Lüge. Die heuchlerische Sympathie Hendersons und Vanderveldes lehnen wir mit dem gleichen Unwillen und der gleichen Verachtung ab, wie auch die Sympathie ihrer Protektoren – der Londoner und französischen Wucherer.

Die kapitalistischen und sozialdemokratischen Protektoren der georgischen Menschewiki schlagen vor, in Georgien eine Befragung der Bevölkerung zu organisieren – nach dem Muster jener Referenden, die die Entente in Schlesien, Litauen, Armenien u.a. veranstaltete und zu veranstalten beabsichtigte –, kurz ein Referendum, auf das die Antwort schon im Voraus von jenen entschieden ist, die eine Komödie der demokratischen Verspottung des Willens eines Volkes zu organisieren für nötig halten. Das werktätige georgische Volk hat seine wahre Stimme in einer ununterbrochenen Reihe von Aufständen gegen die Menschewiki kundgegeben, ferner in den örtlichen Wahlen der städ-

141

tischen und der Dorfsowjets, und jetzt im Sowjetkongress der werktätigen Massen ganz Georgiens, der den richtigsten und wahrheitsgetreuesten Ausdruck der politischen Erfahrung, der Gesinnungen und Wünsche des werktätigen georgischen Volkes darstellt.

Die Rote Armee brauchen wir, solange die Bedrohung der Existenz der Sowjetrepubliken nicht verschwindet, wir brauchen sie solange, bis die Arbeiter der ganzen Welt den imperialistischen Räubern die Macht entrissen und wirklicbe Garantien eines ruhigen, friedlichen und brüderlichen Zusammenarbeitens aller Völker geschaffen haben werden. Wir, die Arbeiter und Bauern Georgiens, träumen gemeinsam mit den Arbeitern und Bauern aller Sowjetrepubliken und zusammen mit der Roten Armee selbst von jenem Tage, da die wirkliche Entwaffnung des Imperialismus uns erlauben wird, die Rote Armee zu demobilisieren und unsere Brüder auf die Äcker und zu den Werkbänken, zur friedlichen Arbeit zurückkehren zu lassen.

Arbeiter und Arbeiterinnen, werktätige Bauern Europas und der ganzen Welt! Glaubt nicht der Lüge, glaubt nicht der Verleumdung unserer und eurer Feinde! Hört auf die Stimme eurer Brüder – der georgischen Arbeiter und Bauern! Die Rote Armee ist nicht ein Apparat äußerer Gewaltanwendung, sondern unsere eigene Waffe des Kampfes um die Befreiung der Werktätigen. In ihren Reihen sind die Regimenter, die aus allen Völkern der großen Sowjetföderation bestehen, von den gleichen Ideen der Brüderlichkeit und der Solidarität durchdrungen. Die Rote Armee kennt keine nationale Gliederung und keinen nationalen Kampf, sie verteidigt in gleicher Weise die Interessen der Werktätigen aller Völker.

Die bankrotten Menschewiki und Agenten der Entente – Dschordania, Zeretelli, Tschcheidse – versuchen durch ihre Agitation, die sie auf Kosten des ihrem Volke entrissenen Geldes betreiben, günstige Bedingungen für eine neue militärische Intervention des ausländischen Imperialismus in Transkaukasien zu schaffen. Noj Dschordania wendet sich zu gleicher Zeit sowohl an den imperialistischen Rat in Cannes, als auch an die gelbe sozialdemokratische Internationale. Wir aber wenden uns an die werktätigen Massen Europas und der ganzen Welt mit dem Aufruf, den neuen Anschlägen des Imperialismus und seiner buntscheckigen Helfershelfer revolutionären Widerstand entgegenzusetzen.

Arbeiter der Avantgarde! Macht es den Werktätigen der ganzen Welt klar, dass die Macht in Georgien zum ersten Male seit seinem Bestehen sich in den Händen der georgischen Arbeiter und werktätigen Bauern befindet. Diese Macht halten wir in unseren Händen, und wir werden sie an niemanden abtreten!

Angesichts der Arbeiter und Arbeiterinnen der ganzen Welt erklären wir, dass im Laufe von dreieinhalb Jahren des An-der-Macht-Seins der Menschewiki für die Arbeiter Georgiens rein gar nichts geschehen ist, die Bauernschaft kein Land bekommen hat, das ihnen von den Menschewiki versprochen worden war. Die Menschewiki haben während der Zeit ihres Wirtschaftens im Lande weder einen inneren noch einen äußeren Frieden herzustellen vermocht, sie haben erreicht, dass sie nicht nur zu Sowjetrussland, sondern auch zu den benachbarten Republiken in ein offen feindliches Verhältnis geraten sind. Am schlimmsten aber war der Umstand, dass sie das Verhältnis der Völker Georgiens zueinander bis aufs äußerste zugespitzt haben. Dank ihrer nationalistischen und chauvinistischen Politik ist es mehr als einmal zu blutigen Zusammenstößen namentlich auf nationaler Grundlage gekommen.

Dagegen hat es die Sowjetmacht bereits im Laufe sehr kurzer Zeit verstanden, die schwierigsten und hauptsächlichsten Fragen zu lösen. Das ganze Land ist bereits den Werktätigen übergeben, jede Exploitation auf dem Gebiete des Ackerbaus ist beseitigt, der nationale Friede im Innern des Landes zwischen allen Nationalitäten ist hergestellt, es sind friedliche und brüderliche Beziehungen zu allen Georgien umgebenden, sowohl sowjetistischen als auch nichtsowjetistischen Staaten hergestellt. Im Laufe eines Jahres des Bestehens der Sowjetmacht in Georgien ist der Friede und die Ruhe weder im Inneren des Landes, noch nach außen hin auch nur für eine Sekunde verletzt worden. Es ist unser Wunsch, mit allen Völkern in Frieden und brüderlicher Zusammenarbeit zu leben. Wir stellen unser durch die langen Jahre des imperialistischen und des Bürgerkrieges zerrüttetes Wirtschaftsleben wieder her, und wir erklären mit voller Gewissheit, dass wir in allernächster Zeit auch an der Wirtschaftsfront als Sieger hervorzugehen wissen werden, wie wir als Sieger an der Front des Bürgerkrieges hervorgegangen sind.

Bewusste und ehrliche Soldaten und Matrosen aller Länder! Macht es euren Brüdern klar, dass der Weg zur Wiederherstellung eines bourgeoisen Georgiens nicht anders gebahnt werden könnte als über die Leichen der georgischen Arbeiter und Bauern hinweg. Gegen jeden Versuch der Wiederherstellung des verachteten und verhassten Reiches der menschewistischen Pseudodemokratie werden wir uns geschlossen erheben, unter der Losung – „Freiheit oder Tod". Unser Bündnis mit Sowjet-Armenien, mit Sowjet-Aserbaidschan, mit der ganzen R.S.F.S.R. ist bereits befestigt und wird für immer unerschütterlich bleiben.

Arbeiter und Arbeiterinnen und werktätige Bauern Europas und aller anderen Länder! Wir wenden uns mit diesem brüderlichen Appell an das Gefühl der Solidarität und der brüderlichen Einigkeit der werktätigen Massen aller Völker.

Es lebe die Macht der Sowjets! Es lebe die proletarische Weltrevolution!

Präsidium des Kongresses:

Macharadse, Mdiwani, Dumbadse, Orachelaschwili, Toroschelidse, Gegetschkori, Todria, Gaglojew, Lakoba, Glonti, Okuaschwili, Papiaschwili, Warwara Okudshawa, Mamulia, Sturua, Chimschiaschwili, Waramischwili, Nasaretjan.

Tiflis, den 26. Februar 1922.

Ebenfalls im Severus Verlag erschienen

Karl Kautsky

**Georgien. Eine sozialdemokratische Bauernrepublik.
Eindrücke zu Beginn des 20. Jahrhunderts**

Severus Verlag Hamburg 2018
124 Seiten, 12,0 x 19,0 cm

26,90 € (HC)
ISBN: 978-3-95801-830-3

19,90 (PB)
ISBN: 978-3-96345-059-4

Der deutsch-tschechische Sozialdemokrat und Philosoph Karl Kautsky (1854 – 1938) porträtiert die polithistorischen Besonderheiten Georgiens zu Beginn des 20. Jahrhunderts. Zeitgenössisch werden die politischen Zustände von Georgiens Unabhängigkeitserklärung 1918 bis zum Einfall der Roten Armee 1921 beschrieben.
Kautsky sieht Georgien als einen revolutionären Leitstern Osteuropas, der seine Rettung in der eng an das Proletariat angebundenen Regierung erfahre. In seine Ausführungen bettet er persönliche Erfahrungen der georgischen Natur und Kultur mit ein.